特里·丹顿
神奇万物指南

[澳]特里·丹顿◎著绘
周游◎译

北京联合出版公司
Beijing United Publishing Co.,Ltd.

图书在版编目（CIP）数据

特里·丹顿神奇万物指南 /（澳）特里·丹顿著绘；
周游译 . -- 北京：北京联合出版公司 , 2024. 11.
ISBN 978-7-5596-7991-8

Ⅰ . Z228.1

中国国家版本馆 CIP 数据核字第 2024LM5277 号

特里·丹顿神奇万物指南

作　　者：[澳] 特里·丹顿
译　　者：周　游
出 品 人：赵红仕
选题策划：北京天略图书有限公司
责任编辑：牛炜征
特约编辑：杨　娟 钱凯悦
责任校对：高　英
美术编辑：刘晓红

北京联合出版公司出版
（北京市西城区德外大街 83 号楼 9 层　100088）
北京联合天畅文化传播公司发行
北京盛通印刷股份有限公司印刷　新华书店经销
字数 245 千字　787 毫米 ×1092 毫米　1/16　17 印张
2024 年 11 月第 1 版　2024 年 11 月第 1 次印刷
ISBN 978-7-5596-7991-8
定价：69.00 元

特里·丹顿
神奇万物指南

献词！

献给克里斯汀。

感谢米歇尔的
进一步研究。

感谢托尼的设计。

这本书里有什么?

（做好大吃一惊的准备吧！）

一则来自
特里·丹顿教授的
非常严肃也非常重要的
提醒

Terry Denton

各位读者，大家好。

大部分人在很多事情上都是只懂一点儿，
或者在少数事情上懂得很多。
可我却在差不多所有事情上都懂得相当多！

我敢打赌，你甚至都不知道我是个教授。

好吧，我自己也不知道。

但我确实是！
我的小鸟，我的小马，
还有我的大蜘蛛都这么说。

其实啊，大家都知道我就是个

差不多万事通教授。

特里·丹顿的书！
非常好笑，
也很有教育意义。

小板凳

我承认，对于有些事情我是一无所知。

比如，美妆和时尚、
汽车修理、飞机驾驶、
开胸手术、闭心手术
和训练大猩猩……

但是我把其他所有事情都研究了一下。

我相信你也会觉得这一切非常有意思。

在这本书里，你将会了解到：

宇宙。宇宙真的是非常，非常，非常，非常，非常，非常大。
它有数十亿个巨大的圆球环绕着数十亿个更大的圆球在旋转。

行星地球。地球也非常大，地心灌满了滚烫的铁水，
但不知怎么并没有燃烧起来。

地球上的生命。
既包括像小鸟和小马这些奇异的动物，
也有虫子和微小的细菌，
大部分都想要吃掉你。

人体和各个器官如何运转，又或者不运转。
甚至是彻底宕机。

以及人类用聪明的大脑和灵巧的双手
发明创造的所有那些**酷炫的**东西。

甚至还有一整章是关于**时间**的，
只不过时间真的很复杂，
我一点儿都不懂。
在我讲解完之后，你可能也不懂了。

所以，不要再读我这个非常严肃也非常重要的提醒啦，下面开始阅读：

神奇万物 指南

你也会成为一个"（差不多）万事通教授"。

你就是宇宙

宇宙，包括你周围的一切
和你看不到的一切，并且

它也是你本身。

宇宙**很大**。

非常大

如果你站在宇宙的"中心"，
那么最外层的"边缘"远在惊人的
434,000,000,000,000,000,000,000千米之外。

真的是好多千米啊！
这就是为什么我们会说宇宙

很大！

假如你有一辆每秒可以行驶1000千米（已经很快啦！）的太空车，
你还是需要花20,000,000,000,000（20万亿）年
才能到达遥远的宇宙"边缘"。

嘿，小鸟，
那是宇宙的边缘吗？

太空车

不是的，小马，
那是这一页的边缘。

那可是很长很长的一段时间。
远比宇宙存在的时间
要长。
而且……
给你讲个更让人困惑的事情吧，没有人知道宇宙是否真的存在"边缘"。
大多数科学家认为，宇宙只是不停地把自己一层层
包裹起来，它一直在膨胀。
也可能会永远膨胀下去。

即使是世界上最聪明的人也不敢确定。

宇宙是由什么组成的?
宇宙基本上是由

虚无 组成的。

在我们小小的太阳系,
行星之间的距离也非常遥远。
1977年, "旅行者2号"飞船开启了一场
探访所有行星的星际穿越。它用了12年的时间
才到达海王星——离太阳最远的行星。
它的移动速度是每秒56,000千米。
已经很快了!

所以, 我们的太阳系也基本上是

虚无。

虚无
让我头疼。

在我们的银河系中,
有超过400,000,000,000(4000亿)颗恒星。

在整个宇宙中, 科学家们认为有超过
1,000,000,000,000,000,000,000,000颗恒星。

这个数字大到无法想象。
除非你去海滩走一走……
一个正常大小的海滩上的沙子
可能跟宇宙中的恒星
数量一样多。

知识百宝箱

恒星是一个巨大的气体团, 气体由于
引力的作用而聚在一起。这种力量非常大,
将气体拉扯得越来越紧密。最终, 原子坍塌,
开始了一个叫作**核聚变**的过程。
聚变是指两个原子结合在一起并向外释放能量。
大多数恒星会将氢聚变成氦。
它们将这种能量以光能和热能的形式辐射出去。

所以，简单来说：

你 → 很小

恒星 → 很多

宇宙 → 很大！

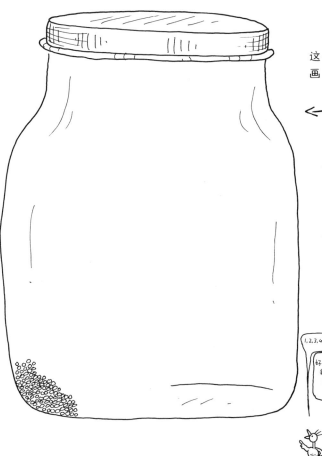

这个罐子里面
画了100粒沙。

←

想象一下，
用这种大小的沙粒
把罐子填满，
边画边数。
你会大吃一惊，
居然需要那么多的
沙粒才能装满
这个罐子。

1, 2, 3, 4, 5, 6, ……

好难数啊，小鸟，
我想掰着手指和
脚趾来数数，
可惜我没有！

太阳!

天文学家目前已知的类太阳系有500多个，
而且每年还会有新的发现。

如果宇宙中有1,000,000,000,000,000,000,000,000多颗恒星，
那么就可能有
1,000,000,000,000,000,000,000,000多个类太阳系。

生命需要太阳的热量和光照才能生存，所以没准也有
一颗像地球这样的行星正在环绕着某颗恒星旋转。
另一个重要成分是液态水。
要是地球离太阳再近一点，像水星或
金星那样，水就会蒸发掉。
要是离得再远一点，地球就会变成一个像火星那样的冰球。

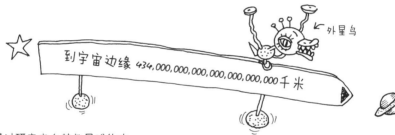

← 外星鸟

到宇宙边缘 434,000,000,000,000,000,000,000千米

通过研究来自其他星球的光，
科学家们能够知道它们的大气层是由什么气体和元素组成的。
如果有水或者氧气，那将是个好消息。
不过外星生命可能跟我们想象中的不一样。

一闪一闪亮晶晶！
抬头看看今晚的星星——它们确实在闪烁，
但是只有从地球上望过去时才会这么觉得。
在太空中，它们看起来就像是
圆形的光点。

当星光从包裹着地球的
空气和大气层中穿过时，
光线会弯曲摆动。

很快你就会知道（几乎）

一切

关于星星的知识了！

但是过去的人们只知道
星星能在夜晚给我们报时。
还有就是能帮助我们
弄清楚我们在地球上的位置，
就像一幅夜空中的地图。

几千年来，人们一直以为
地球是平的。
即使在500年前，人们也还不知道
地球在绕着太阳旋转。
在那之后，人们又以为
太阳是宇宙的中心。

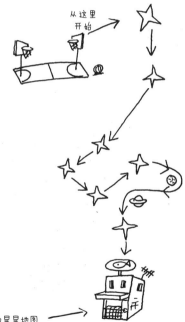

从这里开始

通往宇宙中心的星星地图

自由飞翔与热油煎蛋

太阳诞生于一片旋转着的
庞大气体尘埃云，
被称为"星云"。
星云坍缩，
不断加速旋转，
逐渐变得扁平，
成为圆盘状，也就是
我们太阳系现在的样子。

太阳在中心，其他星体
环绕太阳形成行星。
恒星有一种强大的力叫作"引力"，
会将一切吸向自己。
那么，为什么地球没有被直接吸进去，变成一个煎蛋呢?

地球蛋 → 太阳 → 地球煎蛋

那是因为地球也携带着大量的能量在向前运动，
这种向前的能量平衡了将我们
拉向太阳的引力。

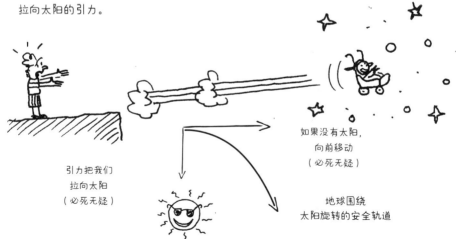

引力把我们
拉向太阳
（必死无疑）

如果没有太阳，
向前移动
（必死无疑）

地球围绕
太阳旋转的安全轨道

如果太阳消失了，地球和所有其他行星
将沿直线飞出去。
最终，我们将进入冰冷黑暗的虚无空间。

彗星和小行星

许多彗星和小行星
也加入到我们
环绕太阳旋转的旅程中。

彗星由冰、尘埃和岩石组成。
你有时可以看到它们的尾巴，
那是由气体和尘埃组成的。

哈雷彗星每隔75或76年
经过地球一次。
数千年来，它被历史学家
记下来，还出现在艺术作品中。

小行星是在太空中
运行的岩石天体。
在火星和木星之间有一条
小行星带，那里有数十亿颗小行星
在绕着太阳旋转。

有些小行星很小，有些则
较圆较大，这类小行星
会被提级叫作"矮行星"。

知识百宝箱

当有任何来自太空的东西划过我们的大气层，我们都会把它叫作**流星**。
大多数流星会燃烧殆尽，**不会撞到地球**。
我们只是在夜空中看到一道亮光，然后就说有星星落下来了。
陨石指的是击中了地球表面的太空来物。
大型陨石撞击可能就是导致恐龙灭绝的罪魁祸首。

黑洞

……奇怪而神秘。

天才科学家阿尔伯特·爱因斯坦
在1916年预言了黑洞的存在。
但是天文学家们直到1971年才首次发现一个黑洞。

恒星质量级的黑洞是由大质量恒星演化晚期坍缩形成的。
既可以很大，也可以很小。
它们具有强大的引力，甚至连光都会被吸进去。

所以你看不到黑洞。
科学家能够知道哪儿有黑洞存在，
是依靠它们周围物体发生的变化。
有时会形成一个"吸积盘"，
也就是有一个发着光的气体和尘埃螺旋被吸入黑洞。

爱因斯坦和黑洞

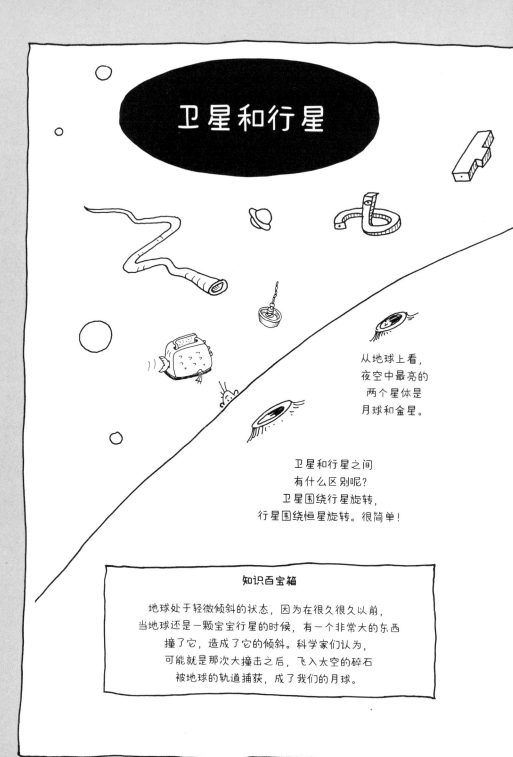

卫星和行星

从地球上看，
夜空中最亮的
两个星体是
月球和金星。

卫星和行星之间
有什么区别呢？
卫星围绕行星旋转，
行星围绕恒星旋转。很简单！

知识百宝箱

地球处于轻微倾斜的状态，因为在很久很久以前，
当地球还是一颗宝宝行星的时候，有一个非常大的东西
撞了它，造成了它的倾斜。科学家们认为，
可能就是那次大撞击之后，飞入太空的碎石
被地球的轨道捕获，成了我们的月球。

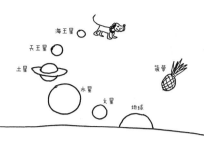

并不是所有的卫星都是死星。
科学家有证据表明，木星的一颗卫星"木卫二"
的冰壳下，有一片巨型咸水海洋。
它还有一个含氧的稀薄大气层。
在很多方面，它更像地球，而不像它环绕的木星。

任何在太空中飘浮的物体都有可能
被行星的轨道捕获，成为一颗卫星。

而且，卫星也会有物体围绕其旋转。

有八大行星绕着太阳转。
当然，还有其他物体，比如所有的
小行星和彗星，还有像谷神星、冥王星、
鸟神星和阅神星这样的矮行星……

还有大量宇宙尘埃。
是的，这也很重要！

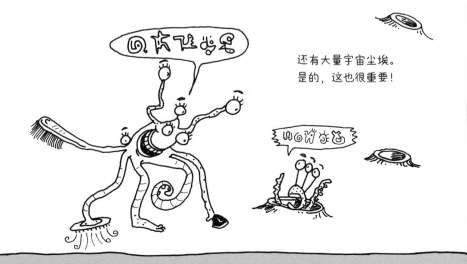

我们的月球是太阳系第五大卫星。
这是除了地球以外人类唯一涉足的地方。
由于没有风或雨，时至今日我们还能看到
宇航员在尘土上留下的脚印。

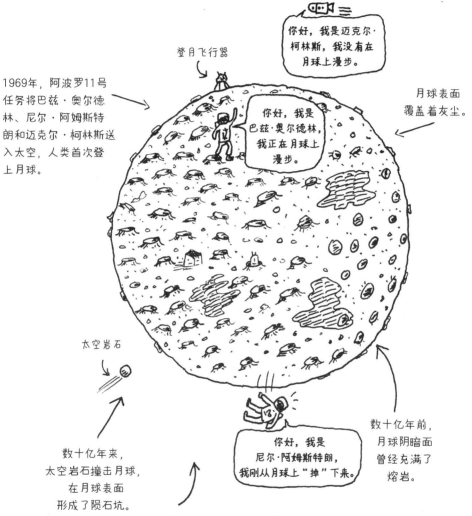

1969年，阿波罗11号
任务将巴兹·奥尔德
林、尼尔·阿姆斯特
朗和迈克尔·柯林斯送
入太空，人类首次登
上月球。

登月飞行器

你好，我是迈克尔·
柯林斯，我没有在
月球上漫步。

你好，我是
巴兹·奥尔德林，
我正在月球上
漫步。

月球表面
覆盖着灰尘。

太空岩石

数十亿年来，
太空岩石撞击月球，
在月球表面
形成了陨石坑。

你好，我是
尼尔·阿姆斯特朗，
我刚从月球上"掉"下来。

数十亿年前，
月球阴暗面
曾经充满了
熔岩。

月球有大气层，只是很稀薄，也不含我们呼吸的那些气体。
月球也有引力，但是很弱（只有地球引力的大约16.6%）。
如果你扔个什么东西，它会非常缓慢地落下。
你称出来的体重大概只有地球上体重的六分之一。

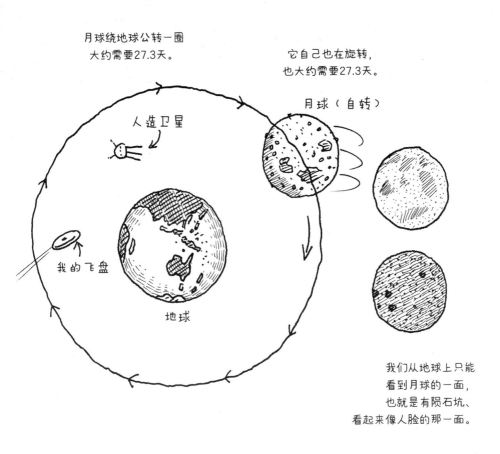

月球绕地球公转一圈大约需要27.3天。

它自己也在旋转，也大约需要27.3天。

月球（自转）

人造卫星

我的飞盘

地球

我们从地球上只能看到月球的一面，也就是有陨石坑、看起来像人脸的那一面。

我们从地球上看到的月亮的变化，只是从我们站立的位置看到的太阳照亮的不同月球区域。整个周期大约需要29.5天，比月球绕地球一圈的时间略长。

新月　上蛾眉月　上弦月　渐盈凸月　满月　渐亏凸月　下弦月　下蛾眉月

我们的太阳系

我们感觉自己站在地球上一动不动，但就像月球一样，
我们也一直在动。我们的星球正在转动，
它自转一圈的时间被称为一天。

新发现的纸杯蛋糕行星。
太美味啦！

气态行星离太阳更远，
岩质行星离太阳更近。

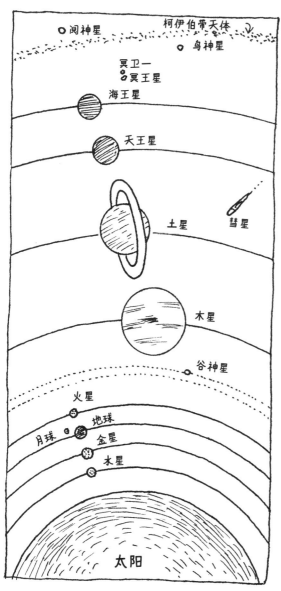

阋神星

柯伊伯带天体

鸟神星

冥卫一
冥王星

海王星

天王星

土星

彗星

木星

谷神星

火星

月球 地球

金星

水星

太阳

我来主宰这个
纸杯蛋糕行星！

太阳是一颗
"黄矮星"。
它的气体表面
叫作"光球层"。

太阳大气层的最外层
叫作"日冕层"。
你只能在日全食期间
才能看到它，
那时的月球处于
地球和太阳之间。

海王星
距离太阳约45亿千米。
与天王星大小相似。
由气体和冰组成，还有冰和尘
埃形成的薄环。有14颗卫星。
不用考虑住在这儿。

天王星
距离太阳约29亿千米。
是地球大小的4倍。
太阳系最冷的行星。
由气体和冰组成。
有27颗卫星。冰冷的大气使它
呈现出淡蓝色。不适宜人类。

←星环

土星
距离太阳约14亿千米。
像木星一样，是一颗气态巨行星。
有冰块和尘埃组成的"星环"
和32颗卫星。别去那儿。

←大红斑

木星
距离太阳约7.8亿千米。太阳系最大的行星。
有79颗卫星、一个由尘埃组成的巨大"星
环"，还有一场能从太空中看到的持续了
至少350年的风暴。热气腾腾，毫无乐趣。

火星
距离太阳约2.3亿千米。
只有地球的一半大小。
太阳系第二小的行星。
有两颗卫星。表面是橙红色，
但是很冷。不要住在那儿。

地球
距离太阳约1.5亿千米。
一个适合居住的好地方。

金星
距离太阳约1.1亿千米。
和地球一样大，但是非常热。
没有卫星，被硫酸云覆盖。
哎哟。

水星
距离太阳约5800万千米。
没有卫星，是太阳系最小的行星。
非常热，离太阳最近，
但不是最热的行星！

知识百宝箱

太空是完全寂静的，因为声音只有在物体振动时才会产生。
在地球上，空气分子可以将振动传到你的耳朵里。
但光和无线电波可以在太空巨大的**虚无**真空中传播，而声音不能。
正因如此，宇航员使用无线电进行交流。

大约在45亿年前，太阳从一团尘埃和气体中诞生。
那似乎是很久以前的事了。的确很久了！

但更久以前，早在140亿年前……

超级大的大爆炸！！

宇宙
的一切诞生于
一场……

大爆炸创造了原子

原子结合成分子，分子结合成

万物。

原子看起来像这样，中间是一个比较重的原子核，外面有微小的电子飞来飞去。

但原子基本上也是"虚无"。
你是由原子组成的，
所以你基本上也是"虚无"。
所有的行星、卫星和恒星
都是由原子组成的，所以它们基本上都是

虚无！

这让人难以相信，但确实如此。

原子构成了
存在的万物。

万物！

氢原子
（非常简单）

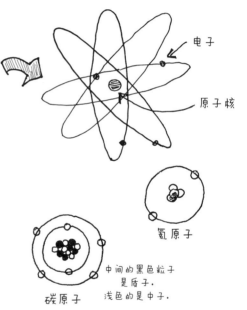

电子

原子核

氦原子

碳原子

中间的黑色粒子
是质子，
浅色的是中子。

知识百宝箱

原子是宇宙的基本构成要素。原子小到不可思议，不过它们是由更小的
亚原子粒子（即原子核中的**质子**和**中子**，再加上**电子**）组成的。
甚至亚原子粒子又由更小的东西组成，被称为**强子**和**夸克**。
它们太小了，画都画不出来。
还能分解到更小的单位吗？我们还不知道。

没有人知道在大爆炸创造宇宙
之前存在着什么。

"虚无"看起来
是这样的。

21

跟**星星**相比，你很小。

跟蚂蚁相比，你很
大。

当然，除非它是一只
巨蚁。

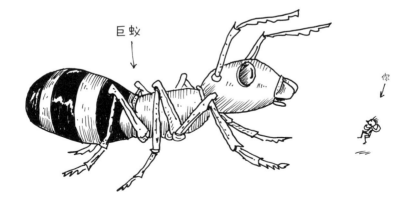

但即使是最小最小的蚂蚁，
跟缓步动物这样的
微型动物相比，也很

实际大小
↓

庞大。

缓步动物即便完全生长，
也只有0.5毫米长。

缓步动物
↑
不是实际大小

科学家们不断地发现
微小
和更加微小的
生物。

他们发现了
只有千分之五毫米长
的细菌。

病毒很小，没有显微镜的话，
你是看不见它的。
↓

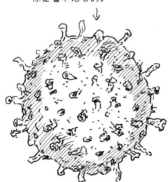

病毒，比如流感病毒、麻疹病毒
或冠状病毒，它们甚至更小。

大多数科学家认为
病毒并不是正常的生命体。
没有宿主的话，它们什么都做不了。
有时宿主就是我们！
宿主帮助它们生长、
自我复制和传播。

知识百宝箱

我们可以通过物体相距多少**光年**来测量太空中的距离。
一光年约为9.46万亿千米。这是一个地球年内光在真空中
传播的距离。其符号为l.y.。

摘星星

人们仰望星空
已经有很长
时间了……但我们
才刚刚开始向太空
迈出一小步。

"斯普特尼克1号"
1957年

1957年，我们将第一颗人造
卫星送入地球轨道。

它被称为"斯普特尼克1号"。

同年晚些时候，"斯普特尼克2号"
将第一只动物送入轨道。
它不是一只猫。
它是一只名叫莱卡的狗。
遗憾的是，
它没能再回家。

该死！
又是
压缩
食品！

"斯普特尼克2号"
1957年

我们多么怀念太空狗莱卡
（真实的故事并不那么甜蜜）

尤里·加加林
1961年

第一个进入太空的人
是尤里·加加林。
1961年，他绕地球飞行，
并安全着陆。

24

1965年，阿列克谢·列昂诺夫
实现了首次太空行走。

如果没有防护服
的保护，他无法在
太空的辐射和极端
温度下存活。

阿列克谢·列昂诺夫
1965年

太空飞行很危险。
月球上有一块
遇难宇航员纪念碑，
纪念在太空中牺牲的人。

不过别担心，阿列克谢回来了。

第一批
踏上月球的人
1969年

1969年，第一批
登上月球的人
在月球表面行走。

他们也安全回来了！

许多动物被送往太空，特别是在20世纪
40年代和50年代。它们中没有多少幸存者。

送去太空的第一个
哺乳动物，是一只名叫
阿尔伯特2号的猴子，
比尤里·加加林还早12年。

（安息吧，阿尔伯特！）

阿尔伯特2号
穿着可怕的
太空套装。

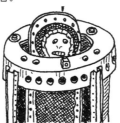

想想宇宙有多

大

你会觉得
自己很
渺小。

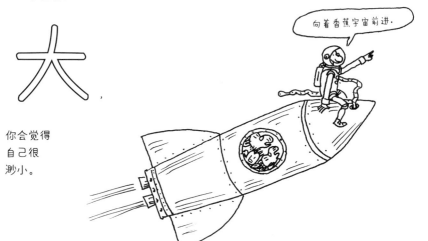

 我们的整个
银河系

但是，你知道人类现在可以在太空生活吗？
近20年来，宇航员已经能够在
国际空间站生活和工作。

空间站每天绕地球运行15.5圈。

自1977年以来，"旅行者1号"
和它的双胞胎探测器"旅行者2号"
一直在飞离地球。

在这段时间里，
它们已经飞越了太阳系的边缘。
受太阳影响的周围空间，
我们称之为"日球层"，
它们现在位于日球层
之外的星际空间。

旅行者号有点像是
这个样子。

离我们最近的恒星系统是半人马座阿尔法星。
它有三颗恒星。
但我们可不是什么时候想去就能去那儿的，
它距离地球41万亿千米。

"旅行者1号"和"旅行者2号"上都没有人，
但传感器仍然一直在发回信息。

"旅行者1号"最近从外太空拍摄了
我们日球层的第一张全家福。

家，甜蜜的家

太震撼了！

2

你的行星地球

家，甜蜜的家！

这是太阳系中，甚至也许是宇宙中，
唯一一个我们可以生存的地方。

大洋洲

南极洲

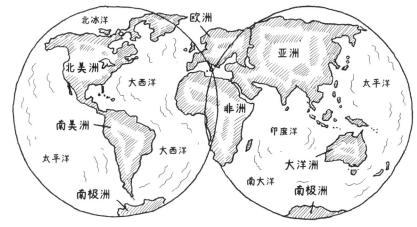

亚洲

非洲

我们生活在大陆和岛屿上。
一个大陆既可能是一个被水包围的大岛屿，像大洋洲，
也可能通过一座小的陆桥与另一个大陆相连，
比如南、北美洲，也可能与另一个大陆完全接壤，像欧洲和亚洲。

欧洲

北美洲

泛大陆

世界地图可不是一直就是这样。
从大约3.35亿年前到大约1.75亿年前，
地球上只有一块很大的大陆，
叫作"泛大陆"。

那可不是几个大陆首次
汇聚在一起又分离开来。
当然也不会是最后一次。

南美洲

地球是由什么组成的？

内核，由铁和镍组成的固体球。
温度接近6000°C。
超级热！

外核，一层非常热的铁镍熔液。
大约在3000千米的地下。
挖个大洞，烤棉花糖吧。

下地幔，有时呈液态的很热的岩石层。
要想到那儿也得挖一会儿。

地壳，薄薄的一层，
大约5-75千米厚。
这就是我们行走、生活、
玩耍和建房子的地面。

上地幔，坚硬的岩石，
比下地幔温度低。
两层加起来厚度
大约是3000千米。

别啃到地心了，
小马。
我们会爆炸的！！

嘎嘣！
嘎嘣！

地球应该
由什么组成？

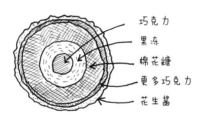

巧克力
果冻
棉花糖
更多巧克力
花生酱

知识百宝箱

地球有多重？重量实际上等于所含物质的量（称为"**质量**"）乘以地球引力。
你的质量总是一样的，但是你在月球上重量会**变小**，因为月球的引力较弱。
我们没办法用一套巨大的秤来给地球称重。
但假如可以的话，地球的重量大约是
5,900,000,000,000,000,000,000,000千克。

自然还是自然灾害?

地壳是一块巨大的拼图，
构成拼图的一块块被称为
构造板块。
这就是为什么大陆可以
断裂和漂移。
板块之间的裂缝
称为**断层线。**

最著名的断层线是太平洋火环。
地球上75%以上的活火山
位于太平洋火环上，
有452座。

当板块移动时，
断层线上会发生**地震**，
火山会喷发。
地面震动，可能会开裂。
如果这种情况发生在水下，
会掀起巨浪。
巨浪拍打海岸时会造成破坏，
引发洪水。也就是**海啸**!

1883年，印度尼西亚的喀拉喀托火山爆发，
摧毁了岛上的大部分地区。在澳大利亚都能听到爆炸声。
这是历史上最致命的火山爆发之一。

地震可以摧毁整个城市，破坏道路，
引发事故。

地震有时是因为沸腾的熔岩
试图冲破地表，
有时是因为构造板块的移动。

有时，岩浆上涌形成巨大的隆起，
会把地面推高形成山脉，
但岩浆没有喷发。

夏威夷群岛是一座巨大的海底山脉的顶峰，
这座山脉是由滚烫的岩浆喷发堆积而成的。
现在还会喷发。

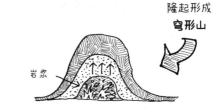

隆起形成
穹形山

岩浆

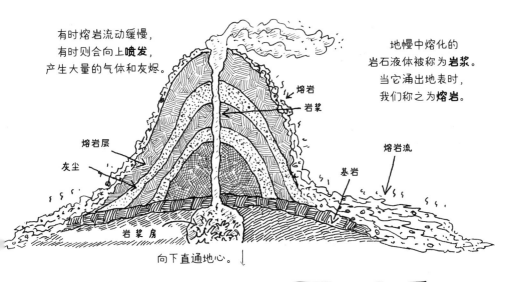

有时熔岩流动缓慢，
有时则合向上**喷发**，
产生大量的气体和灰烬。

地幔中熔化的
岩石液体被称为**岩浆**。
当它涌出地表时，
我们称之为**熔岩**。

熔岩

岩浆

熔岩层

灰尘

熔岩流

基岩

岩浆房

向下直通地心。↓

知识百宝箱

地震是所有自然灾害中**最致命**的。近年来最严重的一次，
是2004年印度洋大地震和海啸，造成14个国家多达28万人丧生，
在印度尼西亚掀起的海浪高达30米，
大约有8层楼那么高。

33

摇滚吧，石头！

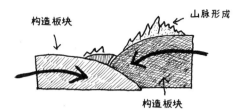

构造板块

山脉形成

构造板块

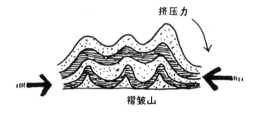

挤压力

褶皱山

大多数高大山脉都是由于板块碰撞挤压、地面被推高而形成的。

比如印度板块以缓慢的速度碰撞亚洲板块，形成了喜马拉雅山脉（用时数百万年）。这造就了像珠穆朗玛峰这样的**褶皱山**。

断块山

当断层线上岩体破裂，巨大的岩体被抬高或下陷时，也会形成山脉。这就是**断块山**。

这只不过是侵蚀，小马。

山是巨大的，但即使是最高大的山峰，上面的岩石也会被侵蚀成细小的沙粒。

知识百宝箱

有时，巨大的冰川侵蚀周围的土地，或者土地被河流侵蚀成山谷，也会形成山脉。水的力量是非常强大的。岩石在水、风、冰或山体滑坡的作用下被分解成小块的过程，就叫作**侵蚀作用**。

岩石和沙子都是由
矿物分子组成的。
沙子在压力作用下被堆到一起，
也会变成岩石，
称为**砂岩**。

闪光沙子小知识

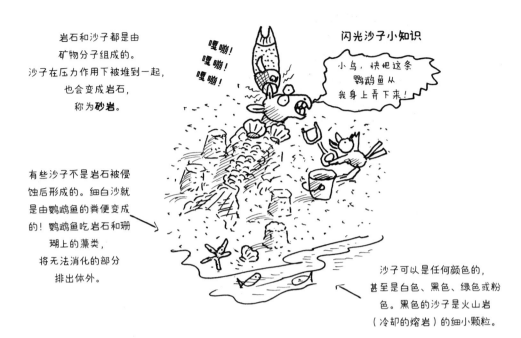

嘎嘣！
嘎嘣！
嘎嘣！

小乌，快把这条
鹦鹉鱼从
我身上弄下来！

有些沙子不是岩石被侵
蚀后形成的。细白沙就
是由鹦鹉鱼的粪便变成
的！鹦鹉鱼吃岩石和珊
瑚上的藻类，
将无法消化的部分
排出体外。

沙子可以是任何颜色的，
甚至是白色、黑色、绿色或粉
色。黑色的沙子是火山岩
（冷却的熔岩）的细小颗粒。

沙子并不总在海滩附近形成。河流把沙子带入大海，
海洋继续侵蚀它。水甚至可以溶解**石灰岩**或者在冰块内融出隧道，
从而形成洞穴。

洞穴小知识

大型洞穴中能生成云，
并形成地下天气。

巨大的天坑可以透光，
所以地下会长出一片森林。

水滴从洞顶滴落，
而留下了矿物质，
就会长出**钟乳石**。

含矿物质的水
滴到地面上，
会形成**石笋**。

世界上最大的洞穴是
越南的韩松洞。

它简直太大了，
你可以在里面盖一座
40层的摩天大楼。

神奇的山脉

海平面以上的最高点是
喜马拉雅山脉的珠穆朗玛峰。
高8848米，上面只有岩石和冰。
空气稀薄到无法呼吸。
没有什么东西能在
那里长时间生存。

但是，测量海平面以上的部分
只是在测量你能看到的部分。
夏威夷的冒纳凯阿火山从
山脚到山顶的距离约有10210米。
只不过，它大约一半都位于太平洋之下。
因此，实际来说，它才是"最高峰"。

山的最高点被称为**顶峰**。

山羊

那是个
雪怪吗？

一排排的山
被称为**山脉**。

要想在山顶上生活，
你必须吃长在岩坡上的小植物，
喜欢寒冷，
善于攀爬光滑的岩壁。
山羊生活在山顶上。
猴子则不。

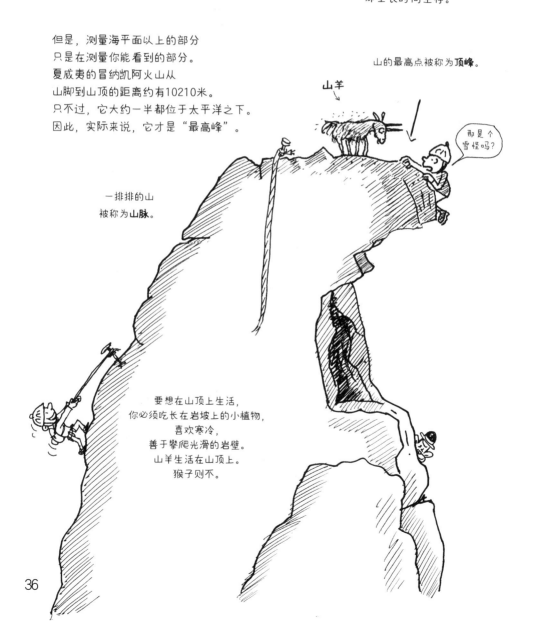

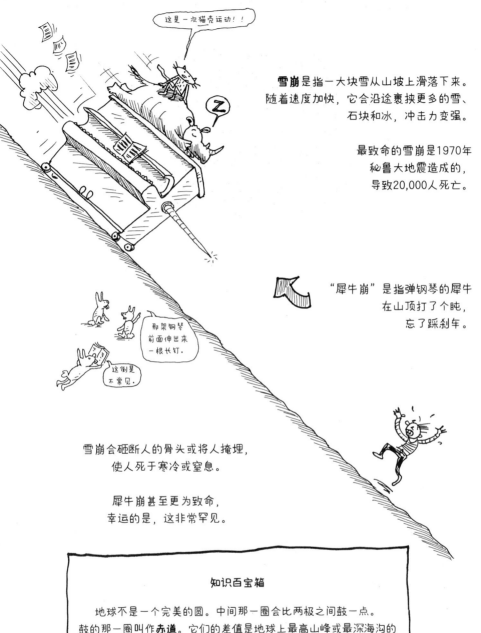

雪崩是指一大块雪从山坡上滑落下来。随着速度加快，它会沿途裹挟更多的雪、石块和冰，冲击力变强。

最致命的雪崩是1970年秘鲁大地震造成的，导致20,000人死亡。

"犀牛崩"是指弹钢琴的犀牛在山顶打了个盹，忘了踩刹车。

雪崩会砸断人的骨头或将人掩埋，使人死于寒冷或窒息。

犀牛崩甚至更为致命，幸运的是，这非常罕见。

知识百宝箱

地球不是一个完美的圆。中间那一圈会比两极之间鼓一点。鼓的那一圈叫作**赤道**。它们的差值是地球上最高山峰或最深海沟的两倍高度以上。如果你从地心开始测量最高峰，厄瓜多尔的钦博拉索山将击败珠穆朗玛峰，因为它正好位于隆起处。不过，这就好像是站在石头上测量身高一样。

奇妙的水

地球表面只有
三分之一是**陆地**。

所以这意味着地球上
很多很多很多很多地方
都被水覆盖着。

这些也是岛屿。
可不是鼻子。
我不敢相信你居然会
说它们看起来像鼻子。
成熟点吧!

一座岛屿

当地球还是一个滚烫的宝宝行星时，
没有任何液态水。
后来地球冷却下来，
雨开始落下……
落下……
再落下……

最后山谷被填满，
变成了海洋。

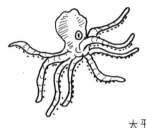

一开始所有的海水都是淡水，
但后来河流冲刷下来了盐分。
在多雨的地方，海水的盐度通常会比较低，
而在世界上的干旱少雨地区，
很多湖泊的盐度甚至比海水还高。

太平洋的马里亚纳海沟的深度超过了珠穆朗玛峰的高度。
下潜约1000米后，漆黑一片，海水几乎结冰。
但有些生物演化得可以在此生存。
有一种鱼的头部是透明的，
还有一种鱼在嘴的上方悬挂着会发光的灯。

知识百宝箱

海洋中有很多演化到可以适应盐水环境的动物。但是，对于**我们**来说，
要排出这些盐分需要从身体中吸走大量的水分，所以喝海水会致命。
人类需要体内大约60%是淡水才能存活，
所以，被带走太多水分的话，人体是承受不住的。
有些陆地动物体内90%都是水，几乎和植物一样多。

河流、湖泊和地下水

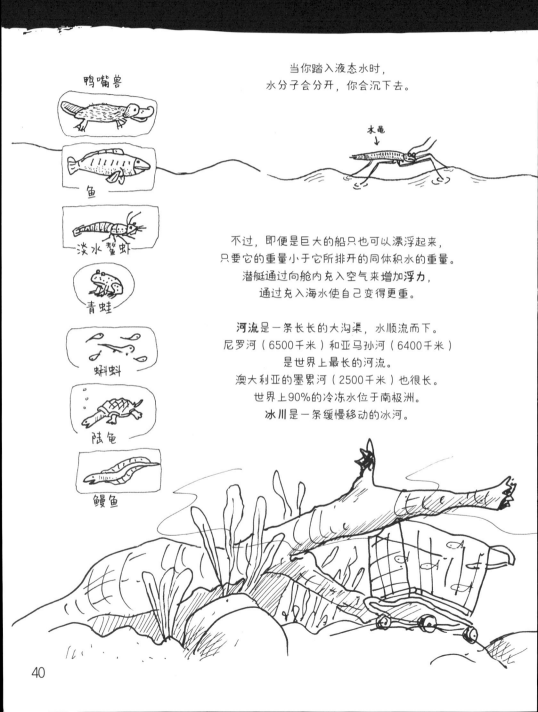

鸭嘴兽

鱼

淡水螯虾

青蛙

蝌蚪

陆龟

鳗鱼

水黾

当你踏入液态水时,
水分子会分开,你会沉下去。

不过,即便是巨大的船只也可以漂浮起来,
只要它的重量小于它所排开的同体积水的重量。
潜艇通过向舱内充入空气来增加**浮力**,
通过充入海水使自己变得更重。

河流是一条长长的大沟渠,水顺流而下。
尼罗河(6500千米)和亚马孙河(6400千米)
是世界上最长的河流。
澳大利亚的墨累河(2500千米)也很长。
世界上90%的冷冻水位于南极洲。
冰川是一条缓慢移动的冰河。

液体有一种叫作**表面张力**的特性。
所以，水黾和其他有些昆虫以及
蜘蛛能在水面行走而不下沉。

捕鱼蛛

蛇怪蜥蜴

蛇怪蜥蜴在水面上疾跑如飞，
它们的爪子会产生气泡
来支撑身体向上。

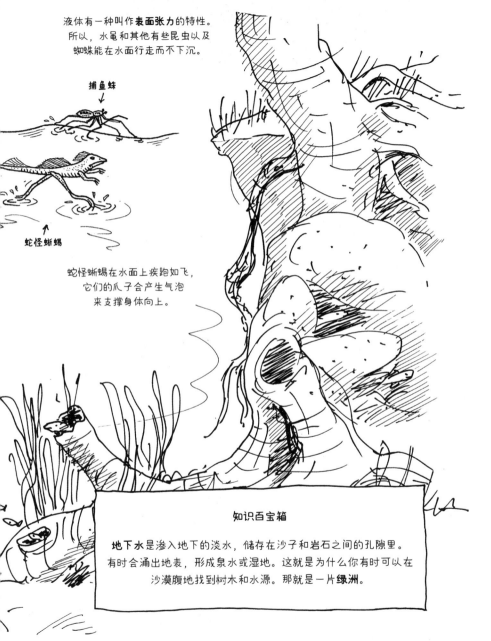

知识百宝箱

地下水是渗入地下的淡水，储存在沙子和岩石之间的孔隙里。
有时会涌出地表，形成泉水或湿地。这就是为什么你有时可以在
沙漠腹地找到树木和水源。那就是**一片绿洲**。

水和月亮

月球上没有一滴水，并且距离我们有38万千米之远。
那么它和地球上的水有什么关系呢？

你可能已经注意到，
如果你在不同的时间去海滩，
海水可能会漫过沙滩，
也可能会退去。
这就是**涨潮**或**退潮**。

地球的引力使得所有的水
（和其他一切物体）
不至于飘向太空。

我是月球，
我有引力。

但是月球也有引力。

这种力一直吸引着
地球和地球上的水。

这就是潮汐形成的原因。

尽管没有证据表明
满月会影响动物行为，
但很多人还是相信这一点。

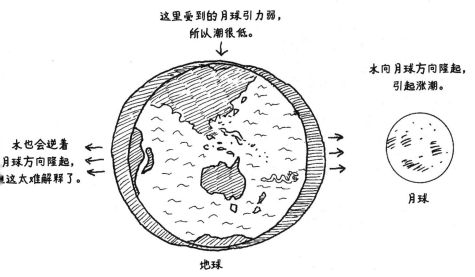

这里受到的月球引力弱，
所以潮很低。

水向月球方向隆起，
引起涨潮。

水也会逆着
月球方向隆起，
但这太难解释了。

月球

地球

如果月亮看起来很圆，
那就是地球正处在太阳和月球之间。

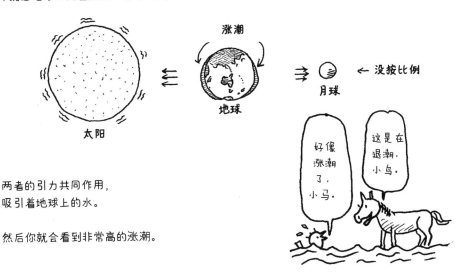

涨潮

没按比例

太阳

地球

月球

好像
涨潮
了，
小马。

这是在
退潮，
小鸟。

两者的引力共同作用，
吸引着地球上的水。

然后你就会看到非常高的涨潮。

知识百宝箱

同样的潮汐力也会作用于你杯中的饮料，但你不会注意到它。
湖泊和河流通常也因为不够大，很难看到潮汐。
不过水量越大，运动就越明显。

运用
力的力量

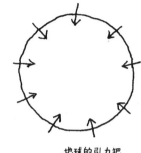

地球的引力把
一切都拉向中心。
如果你扔出去
一匹马,
地球引力会
使马落下来。
而在距离地球
很远的太空中,
马则会飘浮起来,
因为那里没有引力。

一个叫艾萨克·牛顿的家伙被
树上掉下来的什么东西砸中了头,
然后想出了**引力理论**。
谢天谢地,
砸下来的只是一个苹果,
不是一匹马。

嘿, 小乌.
快看我, 我飘起来了.
是 "力引" ! !

彼时, 他已是一位才华横溢的科学家,
所以他可能早已有了一些想法。
他在1687年出版的一本书,
彻底改变了科学。

引力存在于宇宙万物之间。

正是引力赋予地球上的物体以重量,
并使它们下落。

那是我想出来的.
牛顿却得到了
所有的荣誉.

像行星这样的大质量物体
比小物体引力更大,
但引力并不会导致重的物体
比轻的物体下落得更快。

引力并不是地球上唯一的作用力。

如果你掉了一把锤子和一根羽毛，
哪个会先落地？

在地球上，锤子会先落地，因为在两个物体下落时，空气分子会阻碍它们，而锤子的质量更大，所以它更能推开空气分子。

但在没有空气的太空中，它们将会以相同的速度下落。
乘"阿波罗15号"登月的宇航员在月球上进行了一次这样的实验，并拍摄了一段影片。
你可以在网上找找看。

任何物体的移动、减速或停止
都纯靠摩擦力来实现。

两个表面相互摩擦就会产生摩擦力。

砰！

别蹭了，小鸟，
我好像闻到屁股
着火的味道了。

摩擦！

摩擦！

摩擦！

表面之间的摩擦甚至会擦出火花。
这就是为什么把两根棍子
放在一起摩擦会产生火花。

光滑的东西比粗糙的东西
产生的摩擦力小。

导致羽毛下落比铁锤慢的
空气阻力就是一种摩擦力。
也被叫作**阻力**。

既然有"摩擦力"，
那也有"不摩擦力"吗？

我们所依赖的另一种力是**磁力**。
每块磁铁都有一个南极和一个北极。

南极和南极互相排斥。

北极和北极互相排斥。

北极和南极互相吸引。

磁和电有着非常密切的关系。
两者都是由电子的运动引起的。
还记得电子吗，就是那些围绕原子旋转的粒子？

磁铁具有吸引某些金属的能力。
而且我们使用的磁铁就是由金属制成的。

但我们这个世界上最大的磁铁就是地球本身。
没错！地球是一块**巨大的磁铁**。
这就是为什么我们有
北极和南极。

太震惊了！

地球不是一块很强力的磁铁。

但我们的磁场可以保护我们免受**太阳风**的影响。
太阳风是来自太阳的粒子，会破坏我们的大气层。

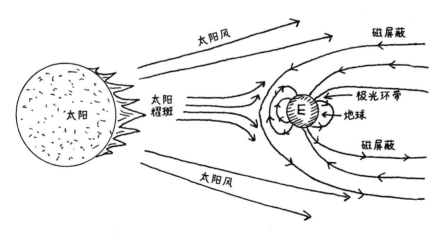

太阳风在两极的天空中能引发令人惊叹的五颜六色的光。
太阳风暴甚至会导致技术失灵，电力中断。

这听起来像是科幻小说，
但却是**真正的科学**。

我们的大气层有合适的气体，
避免太阳辐射把我们烤焦，
保护我们不被陨石撞击。
谢天谢地，引力能保证大气层不飘散到太空中去，
地球的磁场保护了大气层的安全。
我们呼吸的空气主要有78%的氮气和20%的氧气。
我们所需要的是氧气的部分。
氧气让我们活着。

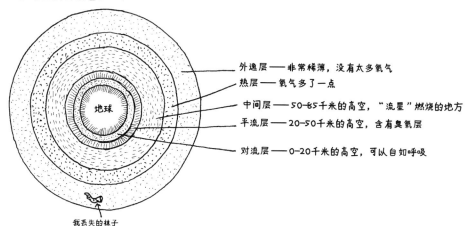

外逸层——非常稀薄，没有太多氧气
热层——氧气多了一点
中间层——50-85千米的高空，"流星"燃烧的地方
平流层——20-50千米的高空，含有臭氧层
对流层——0-20千米的高空，可以自如呼吸

地球

我丢失的袜子

大气中的分子使得光线晃动，
所以星星看起来闪闪发光。
它们还会把太阳光散射成各种颜色。

我们能看到的所有颜色都包含在光线中。
比起其他颜色，
空气分子更容易散射光线中的蓝色。

这就是为什么白天的天空通常看起来是蓝色的。

但是当太阳在地平线上时，
光线必须穿过更厚的大气层才能到达你的眼睛。
那个时候，所有的蓝色都被散射完了，
所以你才有机会看到美丽的红色、黄色、橙色和粉色。
这就是日落和日出。

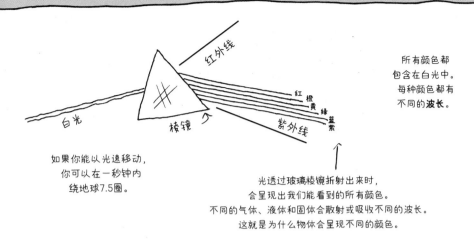

红外线

白光

棱镜

红
橙
黄
绿
蓝
紫

紫外线

所有颜色都
包含在白光中。
每种颜色都有
不同的**波长**。

如果你能以光速移动,
你可以在一秒钟内
绕地球7.5圈。

光透过玻璃棱镜折射出来时,
会呈现出我们能看到的所有颜色。
不同的气体、液体和固体会散射或吸收不同的波长。
这就是为什么物体会呈现不同的颜色。

当阳光穿过大气层中的水滴时,
我们看到的颜色就是**彩虹**。
但我们所看到的光只是**电磁光谱**中的一小部分。

在光谱的红色部分之前,
有一些我们看不到的较长波长,
叫作**红外线**。
正是它令阳光温暖。

在光谱的紫色部分之后,
是不可见的**紫外线**。
正是它令阳光晒伤皮肤。

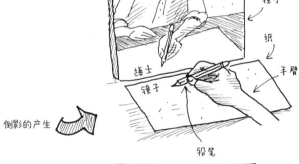

镜子

纸

博士

镜子

手臂

倒影的产生

铅笔

知识百宝箱

你之所以能看到这本书,是因为光线照射到它并反射回你的眼睛。
阴影只是光线被挡住的区域,这就是为什么影子和你一样的形状。
倒影是光线从镜面或水面等光滑的表面反射形成的。

空气污染

抱歉!

危险!
放屁笑话

哎呦!

有害气体混入我们呼吸的空气中时，
对我们的健康是有害的。
而有一些污染则对整个地球都有害。

一些被称为**温室气体**的气体，
把阳光中的热量截留在大气层中。
这使得气温升高，
并导致气候变化。

气候变化使一些地区的动植物无法生存。
它导致冰川融化、
水位上升，
还会引发更具破坏性的
干旱、风暴、火灾和洪水。

二氧化碳是一种温室气体。

这不是
二氧化碳，
小鸟。

很多东西都会产生二氧化碳。
但是燃烧化石燃料会产生大量的二氧化碳。
而且人类在不断砍伐能将二氧化碳转化为氧气的森林。

那这和放屁有什么关系呢？
人类饲养了很多奶牛，
奶牛放屁和打嗝会产生大量的
另一类强大的温室气体——

甲烷！这真是致命无声……

这个不错，梅布尔！

我们烧燃料的化学反应叫作**燃烧**。

东西不是突然就起火的，
必须通过加热产生一种气体。

这种气体与空气中的氧气发生反应，
将化学能转化为热能和光能。

烟雾是由燃烧产生的
新分子和燃料的
残余颗粒组成的，
如灰尘和水蒸气。

你可以通过去除
燃料、氧气或热量
来使燃烧停止。

煮锅

火

木柴

不同的燃料会
释放不同的气体，
燃烧时会产生
不同颜色的火焰，
火焰温度也不同。

你不能用水浇灭油火，
因为油火的温度高于水的沸点。
水会变成蒸汽，
把热油溅得到处都是。

知识百宝箱

臭氧由三个氧原子组成。臭氧层保护我们
免受太阳光中危险的中波紫外线辐射。
20世纪70年代，科学家们意识到人类制造的某些化学物质
正在破坏臭氧层。好消息是，全世界的人们都听取建议并禁止
使用这些化学物质。臭氧层正在恢复。

植物在白天进行**光合作用**。

它们利用阳光中的能量将
水和二氧化碳转化为另一种能量。
植物利用这种能量来生长。

植物将氧气
释放到空气中。

植物通过根部吸收水分，
通过叶子吸收
空气中的二氧化碳。

二氧化碳+水+太阳能=葡萄糖+氧气

不仅仅是陆地上的树木
和植物，生活在海洋中的数百万微小植物，
也能产生大量珍贵的氧气。

不是氧气

释放氧气

浮游植物和藻类

氧气

氧气

碳循环

生命需要呼吸。
甚至植物也合在夜间通过微小的气孔来吸收氧气。
生物需要氧气来制造能量，
这个过程被称为**呼吸作用**。

当动物和植物利用氧气在体内生成能量时，
它们合产生二氧化碳。

动物会呼出二氧化碳。

吸入
二氧化碳

植物

释放
氧气

吸入氧气

我也这么呼吸。
我们是一样的！

当任何生物体死亡、分解或燃烧时，
氧气也都会被消耗，
二氧化碳产生。
这就是**碳循环**。

知识百宝箱

甚至鱼也需要氧气。水流入它们的嘴巴，
然后它们的鳃利用大量细小的血管从水中吸收氧气
（水由两个氢原子和一个氧原子组成）。
有些鱼，比如弹涂鱼，也可以呼吸空气，离开水生存。
蝌蚪用鳃呼吸，变成青蛙后用肺呼吸。

水循环

水分子看起来像这样。
但是一小滴纯净水实际上
由**数十亿**个水分子组成。

而且，这些分子会以
不同的**状态**持续在地球上运动。

这是它的工作原理：

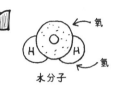

氧
H   H
氢
水分子

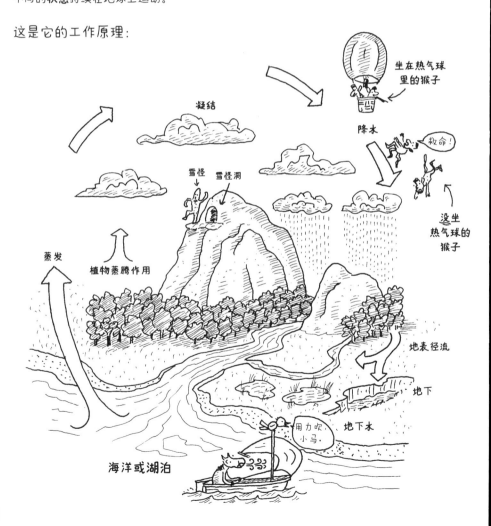

坐在热气球
里的猴子

凝结

降水

救命！

没坐
热气球
的猴子

雪怪   雪怪洞

蒸发

植物蒸腾作用

地表径流

地下

地下水

用力吹
小马

海洋或湖泊

水很特别。在地球上，它可以很容易地变成液体、固体或气体。
所有的分子都可以这样改变状态，但通常需要巨大的温度或压力变化，
而人在这两种情况下是无法存活的。

卷云

气流形成的
巨大高空云

卷积云

成行排列的
细小云块

云是什么？
我们周围的空气
是由少量的**水蒸气**组成的。

积云

山一般的
巨大云块

层积云

长条状的
细小云块

当水蒸气冷却，
形成水滴和
微小冰晶时，
你就会看到云。

层云

稀薄、成块、
但又很纤细的
低空云

所以，你今天喝下的
水分子，
和恐龙喝下的是
完全相同的水分子。

特里·翼龙

呃！这水尝起来
有翼龙的味道！

知识百宝箱

要想改变水的形态，你只需要增加或者减少热能。当你给冷冻的水加热，
水分子会移动得更快，不能再聚在一起。当你把水煮沸时，
水分子就完全没法聚在一起！当你把热量移走时，它们移动的速度会变慢，
并且会再次紧紧连接在一起，变成冰。

恶劣的天气

龙卷风和**气旋**（也称"飓风"和"台风"）是以惊人速度旋转的风暴。
龙卷风是在陆地上的雷雨条件下形成的，
气旋则更巨大，
在温暖地区的洋面上形成。

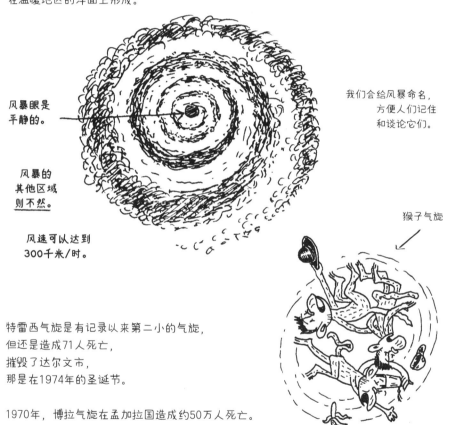

风暴眼是
平静的。

风暴的
其他区域
则不然。

风速可以达到
300千米/时。

我们会给风暴命名，
方便人们记住
和谈论它们。

猴子气旋

特雷西气旋是有记录以来第二小的气旋，
但还是造成71人死亡，
摧毁了达尔文市，
那是在1974年的圣诞节。

1970年，博拉气旋在孟加拉国造成约50万人死亡。
这是有史以来最致命的自然灾害之一。
气旋可以掀起高达10米的海浪。
它们可以摧毁整个岛屿。
洪水会造成破坏、引发泥石流，并传播疾病。

山火是无法控制的。

火往山上烧时，蔓延的速度甚至更快。

闪电会引发山火，

但山火也可以制造自己的闪电。

风向的改变可以改变山火的方向。

而且，强风会把更多的氧气吹入火中，

使情况变得更糟。

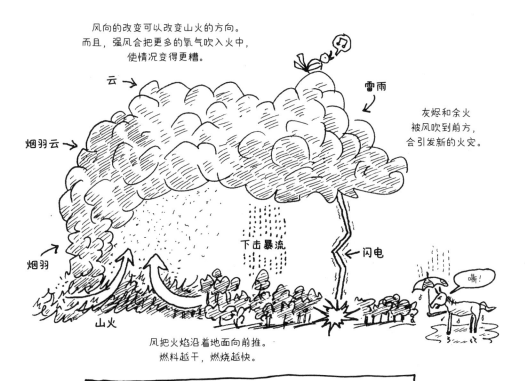

云

烟羽云

烟羽

山火

雷雨

灰烬和余火
被风吹到前方，
会引发新的火灾。

下击暴流

闪电

嘶！

风把火焰沿着地面向前推。

燃料越干，燃烧越快。

知识百宝箱

由于空气过热、过干而在山火上方形成的云，被称为**焦积雨云**。
它们有时会导致下雨（好消息），尽管通常并不会下在火苗上方。
更常见的情况是，它们会引起狂风、干闪电和
火旋风（非常坏的消息）。

电能
无处不在

天空中有电，比如闪电，
我们体内也有可以为
我们提供能量的电。

还记得原子是
如何构成万物的吗？

电是原子之间电子的流动。
将两个物体放在一起摩擦，
你可以很容易地移动电子。

但原子更喜欢有相同数量的电子和质子。

当某个物体有太多电子时，
一旦它接触到其他物体，
就会"啪"一声产生火花，
释放电子。

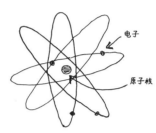

电子很轻，
带负电荷。

电子

原子核

原子核由
带正电荷的质子
（重）和中性的
中子组成。

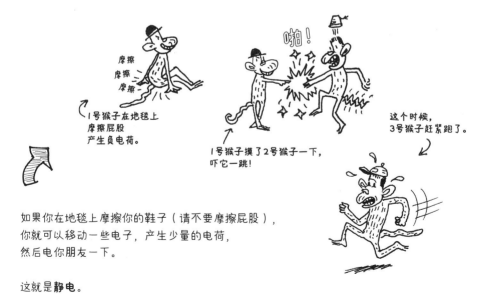

摩擦
摩擦
摩擦

1号猴子在地毯上
摩擦屁股
产生负电荷。

啪！

1号猴子摸了2号猴子一下，
吓它一跳！

这个时候，
3号猴子赶紧跑了。

如果你在地毯上摩擦你的鞋子（请不要摩擦屁股），
你就可以移动一些电子，产生少量的电荷，
然后电你朋友一下。

这就是**静电**。

女超人

风暴云上方
带正电荷

闪电应该击中
这里
或者
这里

风暴云下方
带负电荷

特里教授开车
逃离风暴

注意，闪电之所以击中汽车而不是大楼，
是因为车里的特里让人恼火……很恼火很恼火……

闪电是一种静电。
当大量的灰尘和冰晶在雷雨云中相互摩擦时，
电子就会积聚起来。
它们必须得释放出去。

伴随着巨大的火花，
电子们开始在空气中流动。
空气热了起来。
雷声就是空气噼啪膨胀发出的很响的声音。

你先看到闪电，然后再听到雷声，
那是因为光的传播速度比声音快。

我们的身体会产生许多微小的电信号，称为**神经脉冲**。
这就是为什么电击会杀死你，
因为它会打乱这些电信号，或者使你的心脏停止跳动。

现在，你的细胞正从你的大脑传递一个微小的电信号，
告诉你："别再挖鼻孔了，翻到下一页！"

天气随着**季节**变化而变化，
但并非所有地方都一样，
并非所有文明都有四个季节。
澳大利亚的许多原住民族群将一年分为六个季节。

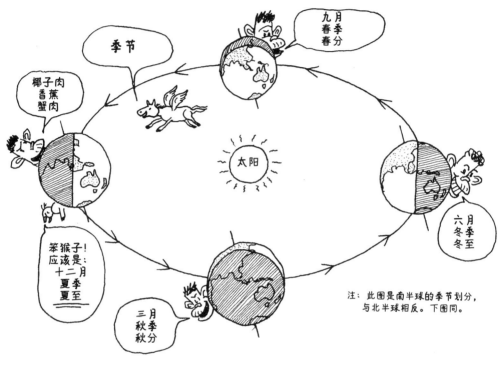

注：此图是南半球的季节划分，
与北半球相反。下图同。

由于地球在还是一颗宝宝行星的时候被撞歪了，
所以它有点倾斜。
但北极总是指向同一个方向。

一年中的每一天，
你家的日照量都略有不同。

日出和日落的时间也不同。

夏季白天长，冬季白天短。

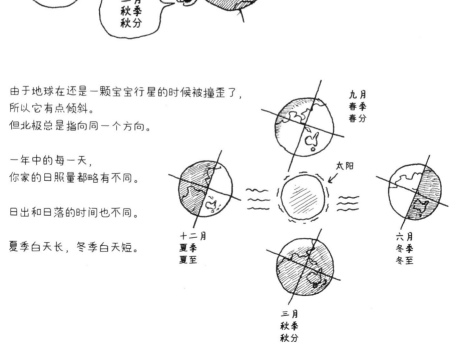

太阳照耀

太阳并没有真的升起或落下，
只是在我们看来像是这样。
我们感觉自己站着不动，
但其实地球一直在绕着它的**轴心**旋转。
也就是两极之间的那条线。

晚上天会黑，
因为你所在的地球的这个地方
没有接收到太阳的光和热。

如果你住在南极或北极，
夏季你会有**几个月**的阳光，
冬季你会有**几个月**的黑暗。

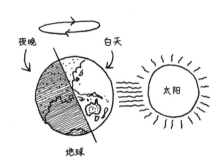

夜晚　白天

太阳

地球

几万年来，地球的倾斜度和轨道略有变化。
所以我们有**冰河时期**。
在上一个冰河时期，地球上大约四分之一的陆地被冰面覆盖。

各大陆的位置与今天一样，但海平面要低得多。
你可以在如今已是海洋的陆地上生活和行走。

陆地　海洋↲　陆地

那个冰河时期大约在12,000年前结束。
海平面上升了约120米，
像猛犸象和剑齿虎这样的大型动物灭绝了。

生物和非生物共同存在于一个环境中时，
就形成了**生态系统**。
一种生物所在的自然环境就是它的**栖息地**。

地球各个地方的自然环境并不一样。
整个世界有几组类似的生态系统，
叫作**生物群区**。

陆地上有陆地生物群区，
水中有水生生物群区。

生物可以改变自己以适应环境……

有些动物也会改变环境，
让环境适合自己。

农场

郊区

城市

公寓

写字楼

捕鱼

港口

这场生存游戏的目的就是活得更长，
吃得更好，避免被吃掉，
生更多的孩子。

人类在这方面已经做得很好了。
地球上大约有80亿人。
但是现在野外几乎没有我们的踪迹了。

我们的地球（大部分时候）照顾着我们。
你认为我们（大部分时候）照顾我们的地球了吗？

猴子兄弟
野餐

纸、塑料、硬纸
板、玻璃、苯乙烯

气泡膜

3

（上）

在你之前的生命

生命一定是从
什么地方开始的……

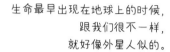

生命最早出现在地球上的时候，
跟我们很不一样，
就好像外星人似的。

我们无法确切地知道生命最初是如何、何时、何地出现的，
不过很可能是在水中。

可能出现在海洋中滚烫的火山口周围。

生命最初只是一个单一的细胞，非常非常微小。

但它仍然令人惊叹。

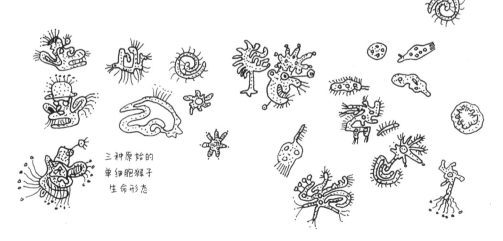

三种原始的
单细胞猴子
生命形态

最早的生命存在的证据是在
已有35亿年历史的**化石**中发现的。

我们认为化石是经过数百万年
已经石化的骨骼、贝壳或是木头。
或者是保存下来的动植物碎片，
也或者是已经石化的泥土或黏土中的印记。
但这些东西在35亿年前都不存在。

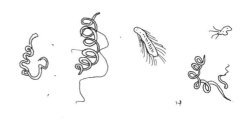

最早的化石发现于澳大利亚，
是曾经含有细菌的岩石，被称为**叠层石**。

叠层石看起来
可不像
这些家伙那么有趣。

叠层石可以像植物一样进行光合作用。
现在它们非常罕见，
但曾经它们到处都是，而且非常重要……

知识百宝箱

当我们谈论**生命**时，通常是指细菌、植物和动物。岩石没有生命，
但是，像叠层石这样的生命体可能会堆聚成看起来像岩石一样的东西。
科学家和我们对于"生命"的理解并不总是一致，但通常情况下，
如果某个东西能够繁殖、生长、适应环境、利用能量，
它就被认为是有生命的，而且这意味着它由一个或多个细胞组成。
具有生命的个体被统称为"**有机体**"。

67

在很长很长的时间里，叠层石通过光合作用制造能量。
它们消耗了大量二氧化碳，
制造了大量氧气。

它们为其他生命的演化提供了足够的氧气。
但由于空气中的二氧化碳减少，
一切都开始冷却了。

冷到叠层石无法生存，
空气中的二氧化碳含量也不够了。
叠层石是如此成功，
以至于几乎是自己导致了自己的灭绝。

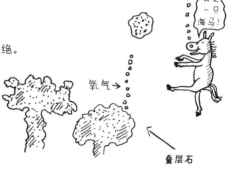

二氧化碳

我是一只海马！

氧气→

叠层石

到了8亿年前，
空气中氧气的占比就跟现在一样了。

而且，臭氧层也已经形成。
它保护了地球免遭危险的太阳辐射。

所以，大约在6亿年前，
生命真的开始加速运转了，
而且是由不止一个细胞组成的生命！

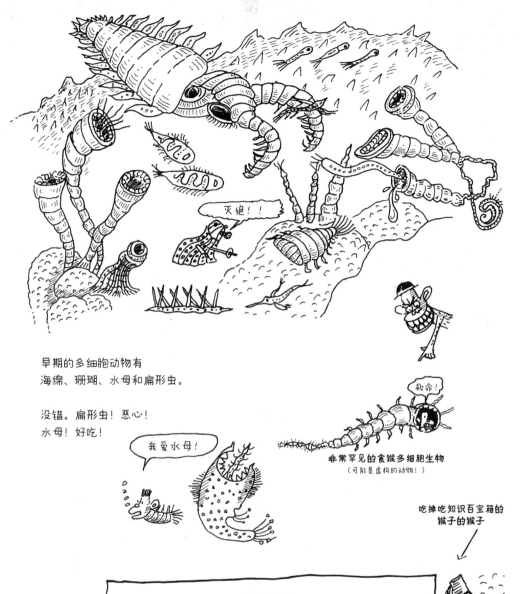

早期的多细胞动物有
海绵、珊瑚、水母和扁形虫。

没错。扁形虫！恶心！
水母！好吃！

我爱水母！

救命！

非常罕见的食猴多细胞生物
（可能是虚构的动物！）

吃掉吃知识百宝箱的
猴子的猴子

知识百宝箱

地球上的所有生命都有一个共同的祖先。
你。我。植物。真菌！细菌！**所有生物。**
科学家将生命的古代历史分成**纪**或**期**。
这种划分能帮助我们记忆生命发展过程中的重大变化。
第一个时期（最长的时期）叫作**前寒武纪**。

灭绝！！

吃知识百宝箱的
猴子

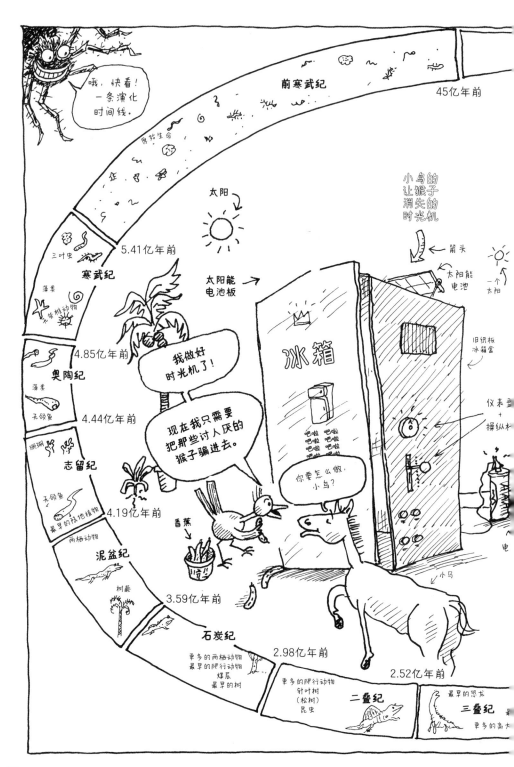

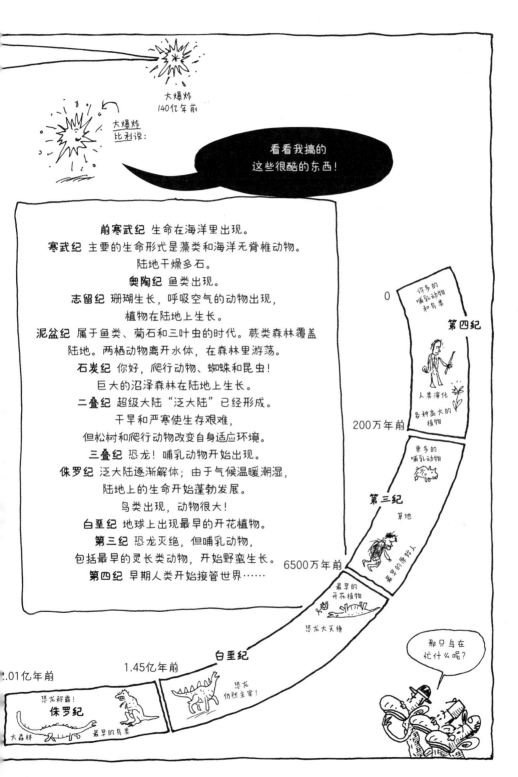

73

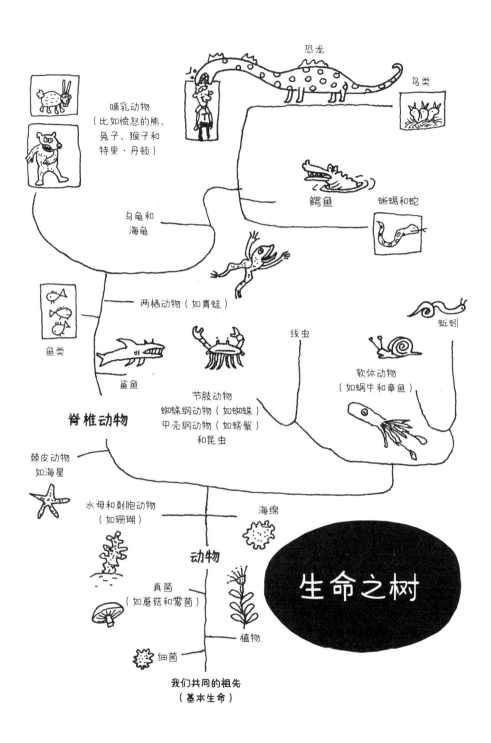

恐龙

鸟类

哺乳动物
（比如愤怒的熊、
兔子、猴子和
特里·丹顿）

鳄鱼

蜥蜴和蛇

乌龟和
海龟

两栖动物（如青蛙）

蚯蚓

线虫

软体动物
（如蜗牛和章鱼）

鱼类

鲨鱼

节肢动物
蜘蛛纲动物（如蜘蛛）
甲壳纲动物（如螃蟹）
和昆虫

脊椎动物

棘皮动物
如海星

水母和刺胞动物
（如珊瑚）

海绵

动物

生命之树

真菌
（如蘑菇和霉菌）

植物

细菌

**我们共同的祖先
（基本生命）**

特里·丹顿教授与蘑菇有关系

有一个非常聪明的家伙叫查尔斯·达尔文，
他在1859年出版了《物种起源》一书。

他的研究表明，
生命会**演化**。
演化就像一棵树，
不同种类的生物从树干上逐渐"分枝"。

很多人不愿意相信。
当达尔文解释人类与大猩猩的密切关系时，
他们暴怒无比。
但我们可不仅仅与大猩猩有关系。
所有的生命之间都稍有关系。

很难相信，我们跟蘑菇有着同一个祖先。

但这是事实。

知识百宝箱

细菌大多只有一个细胞。其他生物都有不止一个细胞。
蘑菇有数百万个。人体有数万亿个。

什么是演化?

植物花了很长时间才从藻类演化成开花植物。
每当气候变化时,
植物会设法演化以存活下来。

泥盆纪时期,
蕨类植物在温暖潮湿的环境中疯狂生长,
蕨类森林覆盖了陆地。
两栖动物跳出水面,
到陆地生活。
现在你仍然可以在湿地和热带地区找到蕨类植物。

裸子植物是不开花的植物。
冷杉是在二叠纪的严寒时期演化出来的。
它们非常坚忍,
在寒冷地区也会生长。

最后,我们迎来了
有美丽花朵的**被子植物**。

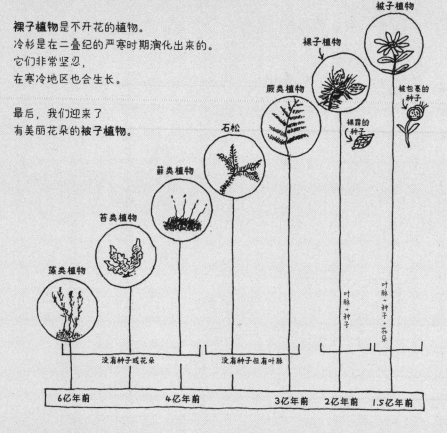

藻类植物　　苔类植物　　藓类植物　　石松　　蕨类植物　　裸子植物　　被子植物

裸露的种子　　被包裹的种子

叶脉 + 种子　　叶脉 + 种子 + 花朵

没有种子或花朵　　没有种子但有叶脉

6亿年前　　4亿年前　　3亿年前　　2亿年前　　1.5亿年前

76

可能需要数百万年和数百万代的时间才会发生一些改变。
大多数的改变只有在有用时才会"流传"下去。在很小的一步一步中，
生物从早期的单细胞有机体变成了我们今天所知的复杂动植物。

真菌在动物之前从生命之树上分化了出来。
大约是在植物出现900万年之后。

真菌不能自己制作食物。
它们必须"吃"和"喝"。
所以，真菌更像动物而非植物。

孢子是菌盖释放出来的微小细胞，
菌盖就是我们吃的那部分蘑菇。
它们随风散落。

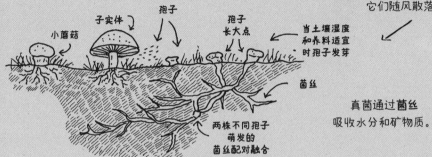

小蘑菇
子实体
孢子
孢子长大点
当土壤湿度和养料适宜时孢子发芽
菌丝
两株不同孢子萌发的菌丝配对融合

真菌通过菌丝
吸收水分和矿物质。

真菌会"吃"动物和植物。活的死的都吃！
生活在烂水果上的霉菌是一种真菌。
有些真菌甚至在我们的身上生长。
恶心死了！

这个蘑菇只
不过是个
趣的"真君（菌）子。"

仙女环
蘑菇圈的直径能
长到10米。

知识百宝箱

发酵面包的酵母是一种真菌。许多药物也都是从真菌中提取出来的。
真菌甚至可以帮我们清理泄漏的石油！蘑菇也是一种真菌。
大多数蘑菇对人类来说是致命的，但也有一些是健康的食物。

演化也改变了动物……

狗在我们身边已经有15,000多年了。
从演化的角度来看，
这并不算长。

但现在的狗品种繁多，大小和形状各异，
从小小的吉娃娃、奇怪但可爱的斗牛犬，到巨大的圣伯纳犬。

小

卷毛

大

直毛

斑点

普通

在现代动物中，
只有狗的种类如此丰富。

这是因为人们会刻意挑选出
具有某种特定特征的狗，
或者颜色、花纹不同寻常的狗，
然后把它们与其他具有相同特征或
外观的狗进行配对。

狼大约在15O万年前演化出来，而且所有的狗都是来一种狼的后代。
现在狼和狗是完全不同的物种了。
不过，让狗如此种类不同的不仅仅是自然演化，
人也起了一定的作用。

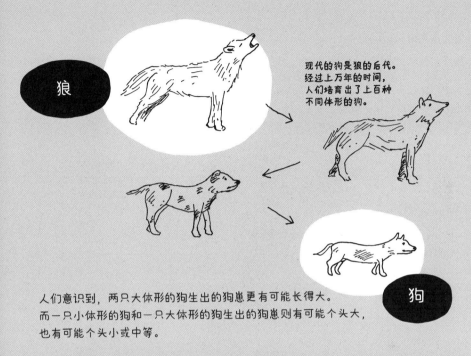

狼

现代的狗是狼的后代。
经过上万年的时间，
人们培育出了上百种
不同体形的狗。

狗

人们意识到，两只大体形的狗生出的狗崽更有可能长得大。
而一只小体形的狗和一只大体形的狗生出的狗崽则有可能个头大，
也有可能个头小或中等。

人类需要狗能胜任我们想让它们去做的各种事情。
狩猎、放牧、看家护院、追踪气味，
或者就只是长得可爱就够了。
所有这些工作都需要不同的技能，
需要不同的体形，还有不同的鼻子和不同的皮毛……

知识百宝箱

你的**基因**决定了你的长相。基因甚至会决定你的行为、
你患的疾病以及你的寿命。每个人的基因都不同，
但同一物种的动物有相似的基因。
例如，所有的狗都比人类拥有更多的嗅觉基因。
你与某人的血缘关系越近，你们的基因就越相似。

要了解演化，你必须了解基因。
要了解基因，你就必须了解**细胞**。

还记得

巨大

我是比较大的水熊虫了。

并且可能**无限大**的宇宙吗？

现在想想"小"。真正的小。
没有原子那么小，
但比一粒沙要小。比水熊虫还小。
因为即使是水熊虫，也是由联结在一起的微小细胞组成的。

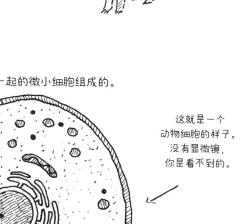

细胞膜

细胞质

细胞核

线粒体

动物细胞

这就是一个
动物细胞的样子。
没有显微镜，
你是看不到的。

这层膜就像
一个很小的袋子。
里面漂浮着很多
非常有用的东西。

细胞从食物中吸收营养，并将其转化为能量。
你体内不同类型的细胞做着不同的工作。

细胞会自我复制，
所以你才会长大，会愈合伤口。

它们分裂时，
新细胞通常是旧细胞的完美复制。

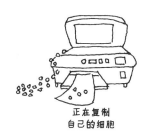
**正在复制
自己的细胞**

这是一个植物细胞。

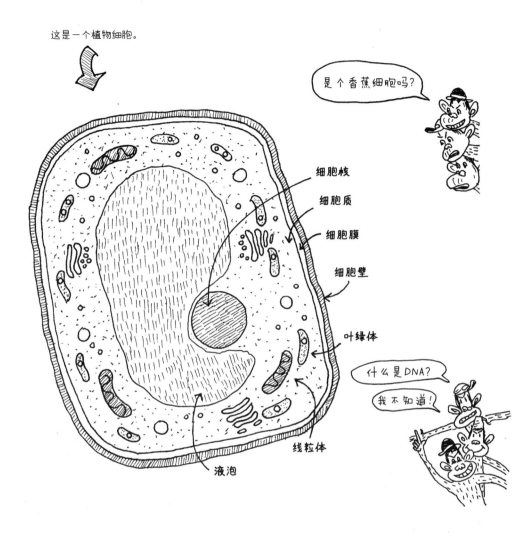

是个香蕉细胞吗?

细胞核
细胞质
细胞膜
细胞壁
叶绿体

什么是DNA?

我不知道!

线粒体

液泡

尽管每次复制出来的细胞都应该是相同的,
但每次细胞分裂和复制时都有可能发生**突变**。

细胞核中的一段DNA可能会
发生改变, 被插入、删除或移动。
这时就会发生演化。

我们都是突变体!

DNA使得狗不同于猫。
它也使得不同种类的狗狗各不相同，
比如布奇跟菲菲和点点。

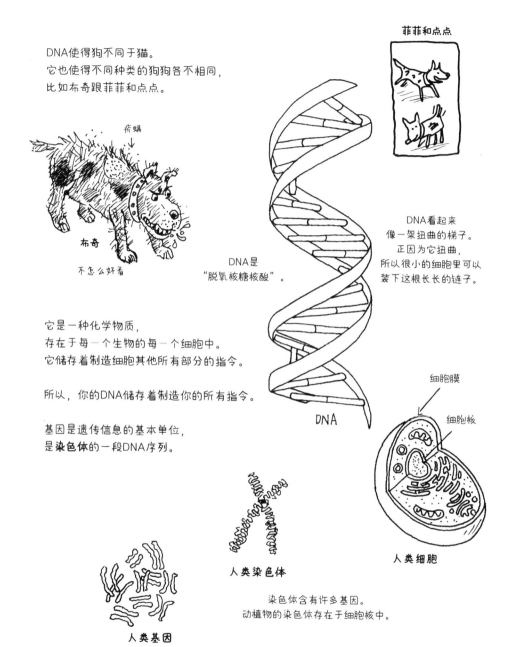

菲菲和点点

布奇

不怎么好看

DNA是
"脱氧核糖核酸"。

DNA看起来
像一架扭曲的梯子。
正因为它扭曲，
所以很小的细胞里可以
装下这根长长的链子。

它是一种化学物质，
存在于每一个生物的每一个细胞中。
它储存着制造细胞其他所有部分的指令。

所以，你的DNA储存着制造你的所有指令。

基因是遗传信息的基本单位，
是**染色体**的一段DNA序列。

DNA

细胞膜

细胞核

人类细胞

人类染色体

人类基因

染色体含有许多基因。
动植物的染色体存在于细胞核中。

你DNA中的任何变化
都被称为**突变**。
但只有部分突变可以遗传给下一代。

如何组建一支克隆大军

即使是细菌也有染色体。

它们通过分裂自己的细胞来繁殖。
一分为二，二分为四，四分为八……

好消息是，组成你身体的细胞也会自我克隆。

坏消息是，这并不意味着你可以像细菌一样
克隆出你整个的身体，
然后由克隆大军占领世界。

大多数动物都不能通过分裂它们的整个身体来完成繁殖。
比如人类，人类的每个细胞中通常有23对染色体。
它们是成对的，
因为我们从父母那里获得了混合的基因。

同卵双胞胎可能会有相匹配的DNA，
但他们**不是**他们父母的克隆体。

科学家们克隆了动物。
第一只克隆动物是羊。
她叫多莉。

他们还试着克隆已经灭绝的动物，
比如塔斯马尼亚虎和恐龙。
因为那会很酷。

会飞的小霸王龙！

有些哺乳动物会滑翔，只有蝙蝠才会飞。
它们跟其他哺乳动物一样，仍然是有五根"手指"，
并且可以像使用手臂一样单独使用每只翅膀。

其实，鸟类与爬行动物的共同点更多。
它们会产蛋，脚上有鳞片。

鸟类与恐龙的共同点甚至更多。
很多恐龙的四肢都有中空的骨头和三根脚趾，
就像鸟一样。

恐龙甚至有羽毛。
即使它们不会飞。

翼龙可以飞。
但它们其实是像鳄鱼和短吻鳄一样的爬行动物，
它们不是恐龙。
它们自己演化出了飞行技能。

但还没等把这项技能传承下去就灭绝了。

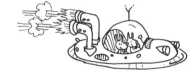

我们还在等待鸟儿
发明出火箭驱动的
飞行方式。

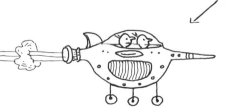

动物的飞行能力并不是一下子就演化出来的。
蝙蝠、昆虫和鸟类都是在不同时期演化出了不同的飞行方式。
如果你会飞，你就会比其他动物更容易逃脱捕食者，也更容易捕捉猎物，
所以这是一项很方便的技能。

始祖鸟是第一种像鸟一样的恐龙。
但是它们有下颌、牙齿和爪子。
所以当它们出现在附近的时候，
你可不敢在沙滩上吃热薯条。

演化不是一个发明家。
当人们想培育出一种体形巨大的猎犬时，
他们会特意挑选出个头最大、最强壮的狗……

但大自然没有计划。
始祖鸟并没有决定要演化成海鸥。
这一切是通过自然选择发生的。

始祖鸟

有些恐龙会把它们的蛋埋起来或盖起来。
一些爬行动物，比如鳄鱼，现在仍然这样做。
但有些恐龙会在地面上筑起露天巢穴，
然后坐在上面。
这些恐龙演化成了现代鸟类。

当气候变得很极端的时候，
保持恒温意味着雏鸟不会死亡。
所以这些雏鸟得以长大并自己下蛋……

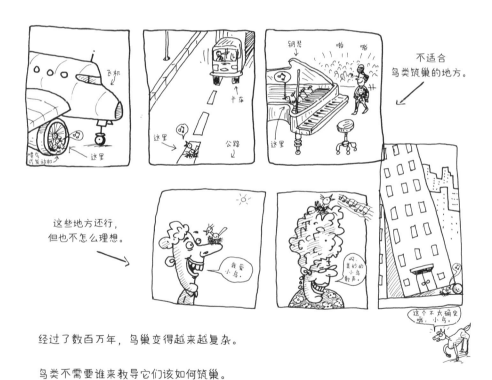

经过了数百万年，鸟巢变得越来越复杂。

鸟类不需要谁来教导它们该如何筑巢。
它们就是会。这就是所谓的**本能行为**。

灭绝！

我们生活在一个不断变化的星球上。
我们周围的其他动植物正在演化。
曾经有用的东西可能很快便不再有用。

哈巴狗很可爱，当它作为宠物的时候，可爱很有用。
但要是把哈巴狗放归山林，看它如何去猎取晚餐……

这就是**适者生存**。

一个捕食者，
合猎捕
并吃掉猎物

哼！

啊呜！

啊呜！ 啊呜！

啊呜！

啊呜！

困惑的猎物

这条哈巴狗
可能要做一个拾荒者，
只能吃捕食者
吃剩下的东西。

这不是
我的后代。

狼

知识百宝箱

在地球生命演化史上，已经发生了五次大灭绝事件。
这意味着每次都有75%到90%的物种一下子消失。
这几次事件分别发生在奥陶纪、泥盆纪、二叠纪、三叠纪和白垩纪
的末期。每次大灭绝之后都有不同类型的生命演化出来填补空白。

88

你可能听说过大约6500万年前恐龙灭绝。
十分突然。

可能是一颗巨大的流星
击中了地球，
也可能是很多火山突然喷发。

或者二者都有。

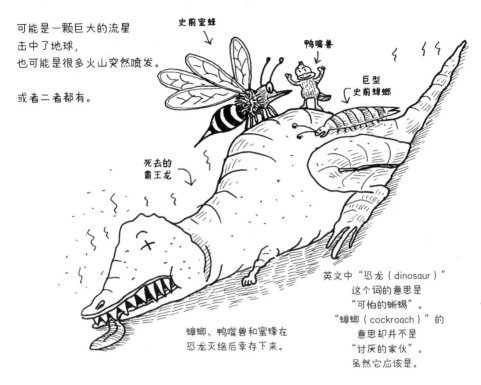

史前蜜蜂

鸭嘴兽

巨型
史前蟑螂

死去的
霸王龙

英文中"恐龙（dinosaur）"
这个词的意思是
"可怕的蜥蜴"。
"蟑螂（cockroach）"的
意思却并不是
"讨厌的家伙"。
虽然它应该是。

蟑螂、鸭嘴兽和蜜蜂在
恐龙灭绝后幸存下来。

与往常一样，
气候变化造成了真正的大麻烦。
地球上只有四分之一的生命**没有死亡**。
大多数小型鸟类、爬行动物、哺乳动物、
鱼类、昆虫和两栖动物存活了下来。

它们摇身一变迈入**第三纪**，
占领了世界。

你知道吗？蜘蛛4亿年前出现。
恐龙2.4亿年前出现。
恐龙6500万年前灭绝。
蜘蛛还在地球上！

奇虾是寒武纪海洋中
最可怕的捕食者。
它们就像巨大的
装甲大虾。

让它们回来！

铲齿象是古代大象，
嘴巴很大，
下颌有两根像铲子一样的长牙。

小心强大的袋熊！
巨型袋熊在澳大利亚生活了很长时间，
直到大约12,000年前灭绝。
它是一种有袋类动物，大小与犀牛相当。

在人类到达美洲之前，
巨型动物在这片土地上游荡。
就像巨大的剑齿虎，可以打倒一头野牛。
还有特别大的猛犸象。

渡渡鸟

渡渡鸟大约有一米高，有一对没用的小翅膀，
秃头，屁股上还有一些花哨的小羽毛。
人们在1598年左右发现了它。
然后在60年之内，
人类的捕猎致其灭绝。

恐龙灭绝并不是最严重的灭绝事件。
最严重的发生在二叠纪末期，
人们称之为**大灭绝**。

鲨鱼活了下来，
但是大约96%的生命都消失了。

我爸爸说我们又要
迎来一个冰河时期，
我们都会被消灭掉。

冰河时期！垃圾！
气候变化真是个谜。
我们完蛋了。

三叶虫在2.5亿年前消失。
菊石在6500万年前灭绝。

菊石

三叶虫

自从人类开始在城市里生活并燃烧煤炭和石油等燃料，
有数量惊人的动物灭绝了，
甚至还有更多动物面临威胁。
现在，科学家们警告说会有**第六次大灭绝**。
猜猜看，
谁该对这次事件负责……

知识百宝箱

古代鸭嘴兽可能跟恐龙生活在同一时代。
这些小型哺乳动物很不寻常。
它们像爬行动物一样产卵，会用从腹部毛孔渗出的乳汁喂养幼崽，
它们没有牙齿，而是用鸭嘴一样的喙来感知电流并寻找食物，
它们像蜘蛛和蛇一样有毒液，毒液藏在脚上的刺里。
它们是哺乳动物家族树上最早的分支之一。

恐龙很酷!

不过如果它们还在地球上，我们可能就不会在了。
恐龙灭绝后，哺乳动物迅速崛起，
我们是哺乳动物的一种，叫作灵长类动物。

灵长类动物家族树

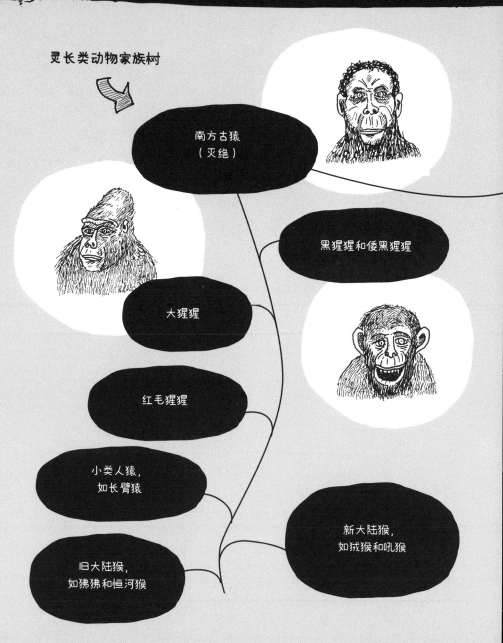

南方古猿
（灭绝）

黑猩猩和倭黑猩猩

大猩猩

红毛猩猩

小类人猿，
如长臂猿

新大陆猴，
如狨猴和吼猴

旧大陆猴，
如狒狒和恒河猴

灵长类动物的家族树上有许多已经灭绝了的分支，而且科学家仍在寻找新分支的证据。
我们这一分支被称为"智人"。
智人在至少16万年前演化出来，
并与尼安德特人和直立人一起生活了一段时间。

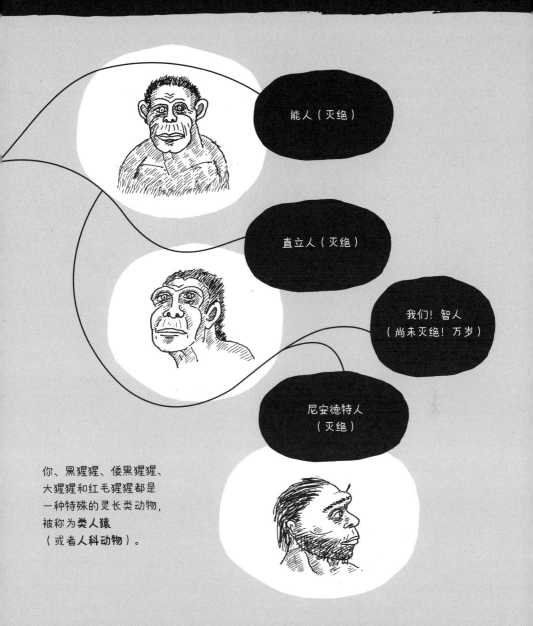

能人（灭绝）

直立人（灭绝）

我们！智人
（尚未灭绝！万岁）

尼安德特人
（灭绝）

你、黑猩猩、倭黑猩猩、
大猩猩和红毛猩猩都是
一种特殊的灵长类动物，
被称为**类人猿**
（或者**人科动物**）。

所以，我们在灵长类动物家族树上现存最近的亲戚，
是**黑猩猩**和**倭黑猩猩**。
我们和它们的DNA有99%都是一样的。

类人猿没有尾巴，
有扁平的指甲（不是爪子）和有用的双臂。
我们有可以和其余四指对握的拇指。
当我们的拇指碰到其他手指时就能抓取东西。

南方古猿的脚趾和拇指都可以对握。

南方古猿可以
用脚趾玩PS4。
羡慕吗？

快，大姐！

AUSTRA

智人的脚趾不能对握，
因为在南方古猿之后，灵长类动物大多用双腿行走。
我们的脚逐渐看起来更像今天的样子。
我们用双脚来环游世界。

知识百宝箱

我们与黑猩猩的共同祖先生活在大约700万年前。
现在的黑猩猩如果想的话也是可以用两条腿走路的，
还会使用木制和石制工具。
它们用声音交流，可以学习简单的语言。
它们过着群居生活，是杂食性动物，会把宝宝照顾到大约五岁。
它们理解贸易、逻辑，喜欢玩拼图。
它们相互合作，有悲伤和嫉妒等情绪。听起来很熟悉吧？

哈哈，我正
站在你的聊天
气泡上。

嘿，小鸟，快着我。
我在知识百宝箱的
线上倒着走钢丝。

我们的身体不断演化，直到我们成为智人。
我们的牙齿和下巴改变了形状。
我们的毛发变少。我们的汗腺更加发达，
我们的视觉变得比嗅觉更敏锐……
也许是因为我们当时还没有发明除臭剂。

测试汗腺

最终，我们演化出了一个更大的大脑。
这可能就是我们形成了
复杂语言的原因。

这是使我们**与众不同**的
事情之一。

其他动物可以互相交流，
有时也可以和我们交流。

但智人有语法，有文字。
我们有能够表达情感和复杂抽象概念的语言。

我们交流得越来越多，
一起努力规划，成为了不起的发明家。

最终，我们取代了所有其他人类物种。
但是，不要太自鸣得意，大脑袋！
尼安德特人的大脑比我们的还大。
可他们还是灭绝了……

3

（下）

在你周围的生命

宠物和
家畜

我们与其他类人猿不同的一点是，
我们会在家里和农场里
饲养其他动物。
这叫作驯养。

大部分龙都是从
蛋里孵出来的。

狼可能一开始在人类营地附近徘徊，
寻找美味的剩菜。
那些靠近但没有攻击人类的狼就成了狗的祖先。

自我们种植庄稼以来，
猫就一直和我们生活在一起。
老鼠会偷储存的食物，
猫就会出现抓住这些有害动物，饱餐一顿。

大家都得到了想要的，除了老鼠。

蜘蛛也会吃偷我们食物的害虫。
但我们却不像喜欢猫那样喜欢蜘蛛。

它们在恐龙之前就已经演化出来了。
自从我们开始建造房子以来，
它们就一直住在我们的家里。

也许是它们驯化了我们。

传说中德兰斯斐尼亚长着两条尾巴的微笑龙
饲养它是因为它实用的喷火技能、坚韧的皮革和美味的蛋。
它的两条尾巴可以用作肉馅饼的馅料。没有变成公寓里的宠物。*

野外的金鱼不是金色的，
它们一开始只是其他动物的午餐。

在中国，人们开始喂养稀有的红色、
橙色和黄色的金鱼。

在野外，它们很容易被捕食者捕获。
人们将金鱼作为宠物饲养了一千年，
只是为了让它们变得奇特、更具装饰性、色彩鲜艳。

知识百宝箱

*龙是虚构的动物，存在于英国、希腊、日本和中国等许多国家的神话中。它们生活在山洞里，大部分时间在睡觉，偶尔会飞起来喷火，
把人和城市点燃。
你会在房间里养一条龙吗？

马是人们最早的绘画内容之一。
它们曾是一种重要的食物。
但后来，在欧洲和亚洲之间的草原上，
人们学会了驯马和骑马。

野马比今天的马个头小得多。
大多数野马物种已经灭绝。
只有一个野马物种还在动物园里存活。

猫头鹰

给野马套上马鞍，
并且把它驯得愿意让人骑，
是一件很困难的事。
让一只猫头鹰
去做这些就更困难了。

驯养的昆虫不多。
但中国人养的桑蚕已经为人类吐了7500年的丝了。

蜜蜂也被驯养了。
在恐龙出现之前，
它们就已经在嗡嗡乱飞了，
所以当哺乳动物开始偷吃蜂蜜时，
它们一定很恼火。

9000年前，人们最早在北非开始养蜂。
不仅仅是蜂蜜很重要，
蜜蜂还为我们的植物授粉，
所以我们才能种植谷物、水果和蔬菜。

它们可不能作为交通工具。

蜜蜂 →·····

大约10,000年前，人们开始饲养山羊和绵羊，
以获取肉、奶和皮毛。
后来，人们用它们的毛来制作毛绒。

在东南亚，人们养鸡。
但那时的鸡看起来可不像现在这样。
现在的鸡比以前个头大了很多倍。每年能下**几百个**蛋，而不是几个。

公驴叫杰克，
母驴叫珍妮！
真的！

毛驴

欧洲野牛是奶牛的祖先。
你现在能吃牛肉、穿皮革、喝牛奶，
是因为10,000年前人类驯服了欧洲野牛，
并开始饲养它们，使它们不那么凶猛。

欧洲野牛比我们高，
有巨大的弯曲的牛角。
它们的爱好之一就是将猎人刺死。

它们过去是野生的，分布在欧洲、亚洲和非洲。
而现在地球上大约有15亿头牛，
其中却没有一头是欧洲野牛。

知识百宝箱

如果某种生物呼吸氧气，以其他植物或动物为食，
可以移动和繁殖，那么它就被叫作**动物**。
物种一词的意思是"具有特定特征的群体"。
这就是我们对动物、真菌和植物进行分类的依据。
已发现约130万种动物（其中约100万种是昆虫）。
可能还有更多物种有待发现。没准有1000万种呢！

第一块菜园……

人们大约在驯养动物的同时，
也产生了种植植物的想法，这样就不用出去找了。

不过，人们还是忍不住想要做一些改变。
以前的香蕉是另一种形状的，也不能剥皮。
人们最早开始种香蕉的时候，它们长得像这个样子。

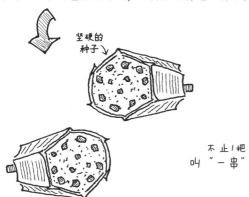

坚硬的
种子 ↓

1个香蕉
叫"一根"。
不止1根
叫"一把"。

不止1把
叫"一串"。

一整串香蕉就是
一顿午餐。

猴子
回来啦！

大约300年前，
西瓜还是这个样子。

可不是什么粉红色的好吃的东西。

现在的西瓜真是太可口了。

叮！

我们从这个微波炉
里瞬移回来了。

有些植物可以自我克隆。
它们可以从根、叶或者茎上发芽。
或者长出一根匍匐茎，就像草那样。

新的香蕉品种从**根茎**，
也就是茎的地下部分生长。
香蕉种子也不再是真正的种子。

那些猴子
回来了！

不！

画得不好的
望远镜

在有真正种子的植物中，种子的原理是这样的。

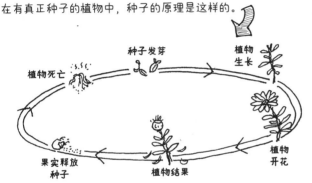

种子发芽

植物死亡

植物
生长

果实释放
种子

植物结果

植物
开花

人们习惯通过
异花授粉来改变植物。
他们将一种花的花粉与
另一种花的花粉混合。

现在，科学家可以改变植物的DNA，
使其对疾病或害虫具有更强的抵抗力，
结出更多的果实，味道更独特或者更健康。
转基因植物是人造的突变体。

知识百宝箱

如果某种生物生长在一个地方，通过其根部吸收水分和养分，
就被称为**植物**。植物利用叶片中一种叫作**叶绿素**的化学物质
进行光合作用，它们的细胞壁由一种叫作**纤维素**的物质组成。

细菌

还记得细菌的克隆大军吗?
当细菌繁殖时,
它们会分裂并复制出它们的整个身体。

由于通常由一个细胞组成,
所以它们不必生孩子,
也不必为花朵授粉,
更不必生出匍匐茎或释放孢子。
这就是它们传播如此迅速的原因。

细菌无处不在!
有些细菌是有害的,
会让你非常不舒服。
但并非所有细菌都令人厌恶。

一些生活在海洋中的细菌会**生物性发光**。

它们使海水和波浪在夜晚发出
最美丽的蓝色光芒。

知识百宝箱

有许多不同种类的细菌。在你的胃里甚至生活着超过
1000种不同类型的细菌。它们是活的, 但既不是动物, 也不是真菌或
植物。有些细菌能像动物细胞一样产生相同的化学物质, 有些细菌能
像植物一样进行光合作用。叠层石可以叠在一起看起来像块岩石,
但是细菌并不会聚在一起组成身体, 而且它们的细胞中没有细胞核。
它们只有一条或两条环状染色体。

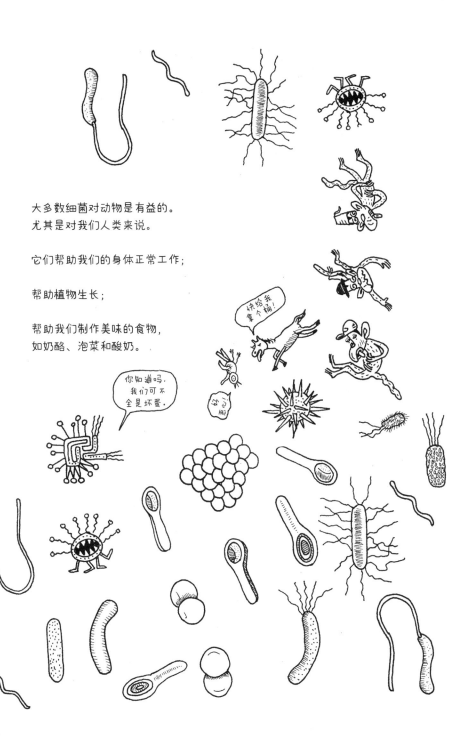

大多数细菌对动物是有益的。
尤其是对我们人类来说。

它们帮助我们的身体正常工作；

帮助植物生长；

帮助我们制作美味的食物，
如奶酪、泡菜和酸奶。

105

认识海绵动物和刺胞动物

海绵生活在海洋和淡水中。
海绵的身体很简单。
它有许多小孔，可以过滤水，
这就是它们摄取营养和吸收氧气的方式。
它们有"根"，不能四处移动。

海绵自最初演化以来没有太大变化。
它们没有血液、消化系统或神经。

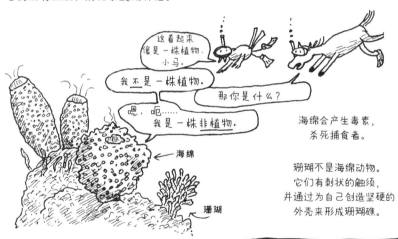

这看起来像是一株植物，小马。

我不是一株植物。

那你是什么？

呃，呃……我是一株非植物。

海绵会产生毒素，杀死捕食者。

珊瑚不是海绵动物。
它们有刺状的触须，
并通过为自己创造坚硬的
外壳来形成珊瑚礁。

海绵

珊瑚

知识百宝箱

无脊椎动物是一种没有骨架的动物。它们的演化早于脊椎动物，
所以其中一些没有复杂的身体器官和系统（如神经系统、
循环系统或消化系统）。有些无脊椎动物有一副**外骨骼**，
即身体外部的坚硬覆盖物。海绵动物、刺胞动物、软体动物、蠕虫、
棘皮动物和节肢动物都是无脊椎动物。

水母跟五颜六色的珊瑚虫和海葵被称为**刺胞动物**。

水母是漂浮在海上的柔软无脊椎动物。

有些水母是透明的。

有些能产生化学反应，
闪耀着美丽的色彩。

但要小心，
它们的触手末端有一根讨厌的毒刺。

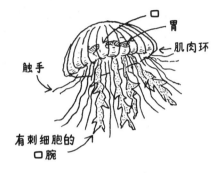

水母的刺叫作**刺丝囊**。

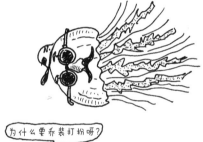

为什么要乔装打扮呀？

他不喜欢被别人
喊"屁股头"。

水母的钟形身体下面是胃。
它们的嘴巴也在那里，
兼用作肛门。

海葵很美丽。
它们被称为"海洋之花"。
但它们其实是动物。

它们会捕捉并吃掉螃蟹和鱼。
有些海葵的口盘直径甚至有一米宽。

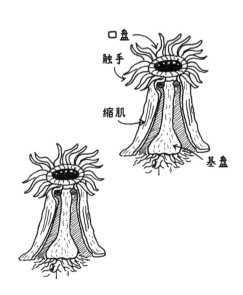

啊可嗨，
软体动物！

墨鱼体内有壳，
通过喷射墨水
来保护自己。

生活在陆地上的**软体动物**包括蜗牛和蛞蝓。
蛤蜊、贻贝、墨鱼和章鱼是水生软体动物。

它们柔软的身体内部或外部会有一个**壳**。

最简单的软体动物有一只肌肉发达的**脚**。
陆地上的蜗牛和蛞蝓会分泌
黏液来保护它们的脚，
粘住东西，
防止它们变干。

所有的蜗牛都有壳，
这是它们身体的一部分。
它们离不开壳。

陆地上的蜗牛，壳中含有肺等器官。

海蛞蝓不需要肺，
所以它们通过**肛门**周围的鳃呼吸。

眼触角

蛞蝓准则

触角

海蛞蝓

蜗牛的触角顶部有眼睛，
但蜗牛没有耳朵。

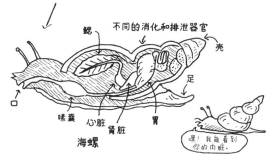

鳃

不同的消化和排泄器官

壳

口

嗉囊　心脏　肾脏　胃

足

海螺

嘿！我能看到
你的内脏。

章鱼是海上凶猛的猎手。
它们独自住在巢穴里，还会用找来的东西装饰巢穴。
它们通过钻洞和注射毒素来攻击贝类，
或者直接把它们撕扯开，用唾液麻痹它们。

它们的皮肤会改变颜色和质地，
有些会在黑暗中发光。

它们可以喷射墨汁，
并通过向身后喷射墨汁来形成喷射力
以助力游泳。

它们拥有强大的大脑、
三颗心脏和蓝色的血液。

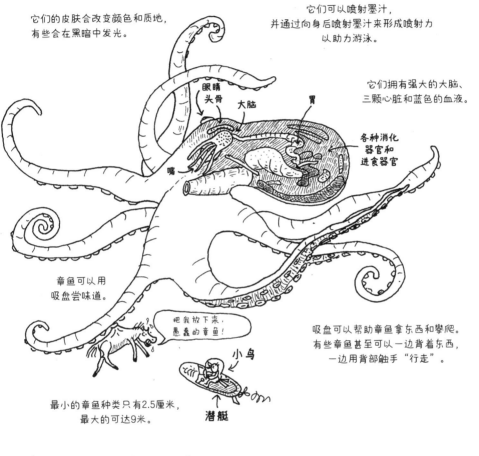

眼睛
头骨
大脑
胃
各种消化
器官和
进食器官
嘴

章鱼可以用
吸盘尝味道。

吸盘可以帮助章鱼拿东西和攀爬。
有些章鱼甚至可以一边背着东西，
一边用背部触手"行走"。

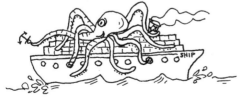

把我放下来，
愚蠢的章鱼！

小鸟

潜艇

最小的章鱼种类只有2.5厘米，
最大的可达9米。

世界各地的传说中，
都有一只像船一样大的巨型章鱼。

也许它们曾经真实存在过，
也许它们还在等待被发现。

109

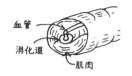

哈喽，
蠕虫和棘皮动物

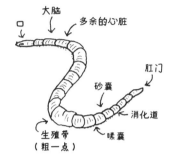

蠕虫内部

血管
消化道
肌肉

口
大脑
多余的心脏
肛门
砂囊
消化道
嗉囊
生殖带
（粗一点）

蠕虫可能有一个软管状的身体。
它们可能没有腿。
但它们有头、大脑、血液和器官，
还有五颗心脏。好样的，虫子！

大多数蠕虫会吃在水或土壤中发现的东西，
但是有些蠕虫生活在其他动物体内，甚至是人体内。

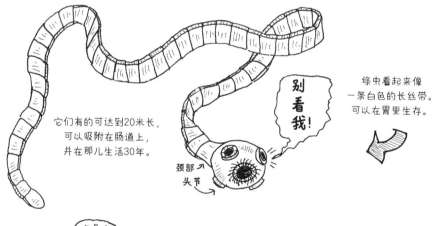

它们有的可达到20米长，
可以吸附在肠道上，
并在那儿生活30年。

别看我！

颈部
头节

绦虫看起来像
一条白色的长丝带。
可以在胃里生存。

我是个明星！

棘皮动物包括海星和海胆。
它们没有血液，
而是通过泵入泵出身体周围的水来获取氧气。
它们有小吸盘式的管足。
海星用脚强行打开猎物的外壳，
然后吃掉它们的内脏。
它会将猎物活生生地消化掉。

啊哈，
节肢动物

寄居蟹是甲壳类动物，
但它们不是螃蟹。
由于它们的后半身没有外骨骼，
它们必须住进其他的海贝壳里。

你已经在生活中见过很多**节肢动物**。

它们生活在陆地上、水里甚至天上。
它们有外骨骼。
身体有不同的节段，
两侧有相同数量的腿。

没错，这就是**虫子**的另一个名字！

蜘蛛、昆虫和千足虫都是节肢动物……
像龙虾和螃蟹这样的**甲壳类动物**就是海洋中的虫子。

为了长大，节肢动物必须蜕掉整个外骨骼。

螃蟹通常是横着走的，
但也有一些能
向前或向后行走。

最大的螃蟹是日本蜘蛛蟹。
它们腿长4米。

螃蟹通过挥舞钳子
相互"说话"。

放开我，
坏蛋
螃蟹！

海马

它们的眼睛
长在柄上。

它们有十条腿，
但前两条腿是
它们的蟹钳。

111

蛛形纲动物包括蜘蛛、螨虫、蜱虫和蝎子等。
它们有八条腿，身体分为两部分。
它们大多吃其他动物，
但嘴不是很大，
所以在吃之前必须对食物进行分解。

蜘蛛将毒液注入猎物体内，
使其麻痹或死亡。
有些蜘蛛会在这之前或之后用蛛丝将猎物包裹起来。
具有消化作用的毒液注入猎物体内后，
猎物就变成了液体。

蝎子用螯钳抓住猎物，
用口器咀嚼。
它们的毒液在尾巴的末端。

还是
虫子！

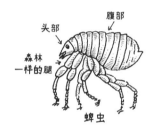

头部

腹部

森林
一样的腿

蜱虫

蜱虫和一些螨虫以血为食。
蜱虫会割开皮肤并插入其吸食管。
真香！午饭时间到了吗？

尾刺

步足上的
钩爪

口器

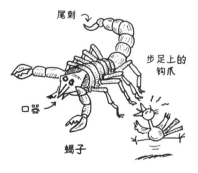

蝎子

快跑啊！

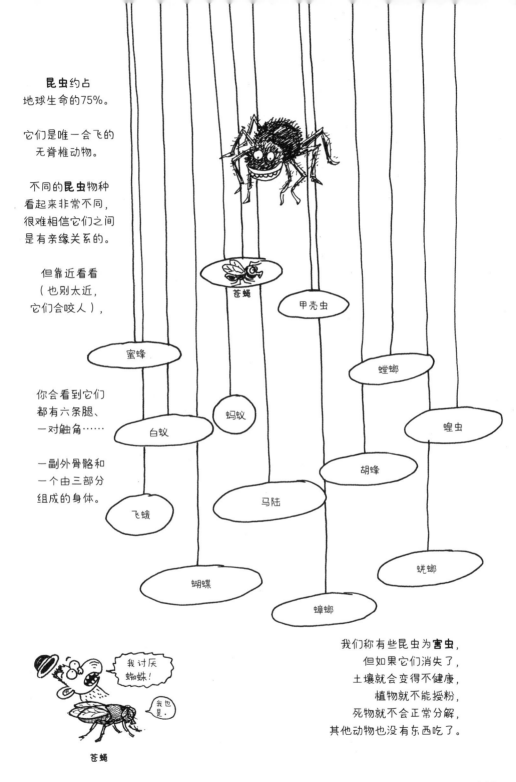

昆虫约占
地球生命的75%。

它们是唯一会飞的
无脊椎动物。

不同的昆虫物种
看起来非常不同，
很难相信它们之间
是有亲缘关系的。

但靠近看看
（也别太近，
它们会咬人），

蜜蜂

你会看到它们
都有六条腿、
一对触角……

一副外骨骼和
一个由三部分
组成的身体。

苍蝇

甲壳虫

螳螂

蚂蚁

白蚁

蝗虫

胡蜂

飞蛾

马陆

蜻蜓

蝴蝶

蟑螂

我讨厌
蜘蛛！

我也
是。

苍蝇

我们称有些昆虫为害虫，
但如果它们消失了，
土壤就会变得不健康，
植物就不能授粉，
死物就不会正常分解，
其他动物也没有东西吃了。

113

疯狂的昆虫小知识

胡蜂的个头可以小到你几乎看不到，
也可以和你的手一样大。
大多数成年胡蜂吃花蜜。
但它们的**幼虫**只吃动物。

胡蜂

澳大利亚**蜘蛛蜂**会叮咬猎物使其麻痹。
它们把可怜的蜘蛛拖到巢里，
在它身体上产卵。
蜘蛛蜂幼虫一孵化出来就马上开始进食，
蜘蛛就被活活吃掉了。

一匹飞马

它也吃活物。
是它罪有应得。

好可怜的蜘蛛。

活生生地
被一只
**蜘蛛蜂
幼虫**
吃掉！
你在
开玩笑吗？

嗷！

蝗虫

一只**蝗虫**可以吃下
16倍于自身重量的植物。

甲壳虫

甲壳虫与其他飞行昆虫不同。
它们的四只翅膀中有两只是硬壳，
用来保护它们脆弱的飞行翅膀。

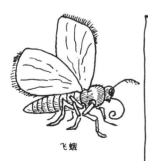
飞蛾

知识百宝箱

昆虫、刺胞动物和两栖动物在生命的不同阶段看起来会不一样。
大多数昆虫产卵，孵化出幼虫。蛾或蝴蝶在**幼虫阶段**是毛毛虫。
苍蝇在幼虫阶段是蛆。一旦幼虫吃够了，它就会蜕几次皮，
纺出一个叫作**茧**的小丝绸睡袋，或者变成一个有光泽的坚硬的**蛹**。
它会在里面逐渐变为成虫。

114

马陆是一种长长的、分节的昆虫。
有的只有不到40厘米长。
"马陆"的英文单词里有"千（milli）"这个字，
但并不是说它们真有1000条腿。
有些有30条腿，有些有400条腿。

犀牛不是一种昆虫，
它的英文单词也很难拼。
它们有四条腿，
脸上有一个大角。
在英文医学词典中，
"犀牛"的意思是"鼻子"。
所以它们的名字是有道理的。
不幸的是，
根本没有"千足犀牛"
这种东西。

马陆

除了在北极和南极，蚂蚁随处可见。
但你可能只见过**工蚁**。
它们都是雌性的，没有翅膀。
雄蚁有翅膀，
像蚁后一样，
但雄蚁只能存活一周左右。

蚂蚁

蚂蚁虽然个头很小，但它们很坚忍。
它们可以承受50倍于体重的重量。
并且它们一起工作，
能搬运更大的东西。

白蚁吃木头，包括我们的房子。
它们**不是**蚂蚁。
它们与蟑螂的关系更为密切。
有些白蚁能建造30米宽的大土墩。

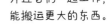

白蚁

喂，蚂蚁！
这是
我们的家！！
快把它
放回去！

疯狂的
蚂蚁

白蚁

蟑螂

更疯狂的昆虫小知识

一只蝉
这其实是
一只蝉的画。

雄蝉通过振动身体的一部分来鸣叫。
蝉的幼虫在地面上孵化，
然后钻入地下，
吸食树根汁液。
变为成虫后，它们会钻出地面，
发出**很大**的噪声。

哎呀！

螳螂

螳螂是擅长伪装和狩猎的忍者。
它们看起来像树枝和树叶，
有强壮的咬合颚，
锋利的前腿，可以像猫一样跳跃。
它们甚至可以捕捉并吃掉小鸟。
有些螳螂看起来跟花一样，
前来采集花粉的昆虫会被留下来当它们的午餐。

好吃！

你介意吗？

蝴蝶

所有动物都需要一点盐才能生存。
但它们可买不到薯片。
一些蝴蝶会飞下来喝海龟的眼泪。
有些甚至去喝鳄鱼的眼泪。
这就是所谓的**嗜泪**。

苍蝇产卵孵化成蛆。
蛆吃死物,
比如没有盖好的食物、垃圾、尸体,
甚至腐烂的肉。

它们没有腿,
但它们的嘴上有钩子。

苍蝇用脚品尝味道。
它们把消化液吐到你的食物上,
然后用吸管式的嘴开始吸食。

趣味小知识: 苍蝇和蛆虫都很

苍蝇

恶心 ! ！ ！

不过,它们比蟑螂还要恶心吗?
你来做裁判吧。

哇哇哇!

我在家守着一万个孩子,你却跟其他女孩子一起在垃圾桶里找细菌吃。

哇哇哇!

蟑螂在两亿年内都没有变化。
一旦完美就不需要再演化。
它们可以吃任何东西,也可以一个月不吃东西。
它们一年可以生20,000个孩子,
可以憋气7分钟,
可以在危险的辐射中生存,
没有头也能存活将近一个星期。
它们就喜欢把细菌从垃圾桶里带到你的桌子上。

授粉和蜂蜜

蜂巢里有一只蜂后、一群雌性工蜂和雄蜂。
只有蜂后和工蜂有刺。
蜂后用刺来产卵。

刺

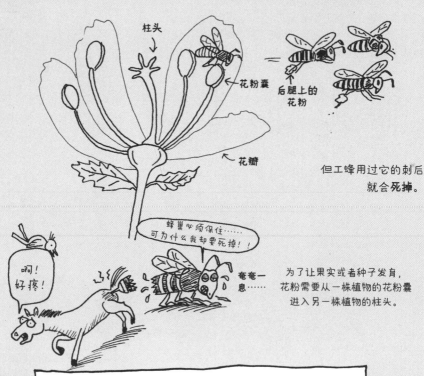

柱头

花粉囊

后腿上的花粉

花瓣

但工蜂用过它的刺后
就会死掉。

啊！
好疼！

蜂巢必须保住……
可为什么我却要死掉！！

奄奄一息……

为了让果实或者种子发育，
花粉需要从一株植物的花粉囊
进入另一株植物的柱头。

知识百宝箱

共生是两种生物之间的特殊关系。当两种生物都受益时，
叫作**互利共生**。当只有一种生物受益时，叫作**共栖**。
第三种类型是你已经知道的，叫作**寄生**。蜱虫和绦虫都会寄生。
在寄生物和宿主关系中，其中的一方会受到损害。

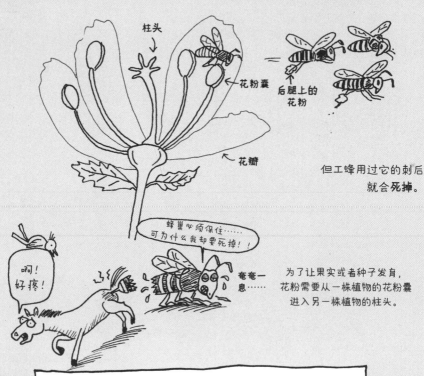

蜜蜂和植物之间有一种特殊的关系。花朵准备好授粉时会散发一种气味。
蜜蜂跟随着花的甜美气味飞到花丛中，因为它们要采集花粉并带回蜂巢。
蜜蜂在花间飞舞时，会撒落一些花粉。
它们把花粉四处传播开来，植物就是这样繁殖的。

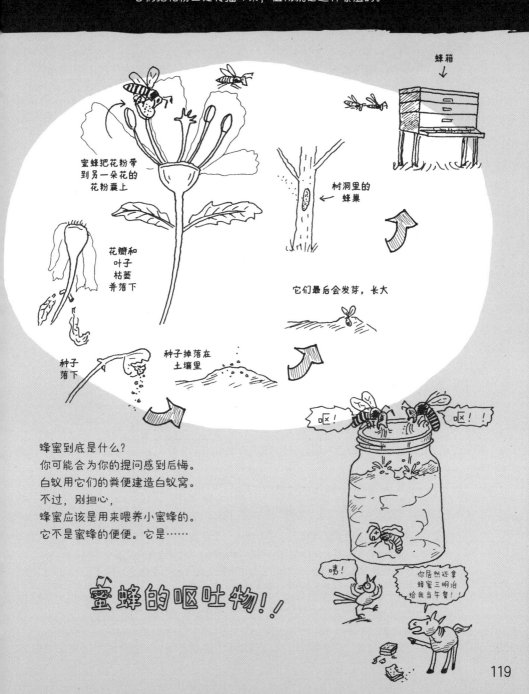

蜂箱

蜜蜂把花粉带
到另一朵花的
花粉囊上

树洞里的
蜂巢

花瓣和
叶子
枯萎
并落下

它们最后会发芽，长大

种子
落下

种子掉落在
土壤里

蜂蜜到底是什么？
你可能会为你的提问感到后悔。
白蚁用它们的粪便建造白蚁窝。
不过，别担心，
蜂蜜应该是用来喂养小蜜蜂的。
它不是蜜蜂的便便。它是……

蜜蜂的呕吐物！！

呸！
呸！！

唉！

你居然还拿
蜂蜜三明治
给我当午餐！

119

食物链

当一种植物或动物吃掉
另一种植物或动物时,
就构成了**食物链**。
但是因为动物不仅仅吃一种食物,
所以食物链其实更像是一张复杂的**食物网**。

蜘蛛和猫是**食肉动物**。

食肉动物只能吃肉。
它们消化不了植物。

犀牛是**食草动物**。
它们只吃植物。

犀牛会很乐意杀死你,
但它不会吃掉你。
它会把你留给
像鬣狗这样的食腐动物。

知识百宝箱

植物可以自己制造能量。它们基本上只需要通过光合作用就
可以获得所需的能量,一些细菌也可以利用环境中化学物质的能量。
这些被称为**自养生物**。它们是世界上所有食物链的基础。
其他的都被称为**异养生物**。捕食者!

这是一只狗。

狗饥饿时会吃它们的小爪子
能抓住的任何东西。
狗是杂食动物,
和人一样（大部分人）。
杂食动物既能吃植物,也能吃动物。

每一条食物链的顶端都有一个**顶级掠食者。**
顶级掠食者没有天敌。

人类驯化了顶级掠食者,
如狼和捕食鸟,来帮助他们狩猎。

我们怎么不是
顶级掠食者啊?

香蕉觉得
我们是!

鸬鹚大多是野生的。
但在日本和中国,
它们被训练来帮主人捕鱼。

嘿,小鸟
我能把那个宝宝
吃了当午餐吗?

不可以,小马!
第一,你是吃草的。
第二,你只不过是
一幅画。

工具和智慧让你成了一类顶级掠食者,
虽然有很多动物都可以
轻易地把你当午餐吃掉。

不过有一类生物甚至会吃掉
最可怕的顶级掠食者。
分解者。

它们可以分解垃圾和死物,
维持整个食物链的运转。
真菌和细菌,
还有像蚯蚓、蟑螂和蛆虫
这样的动物可能令人反感,
但它们也是食物链里的英雄!

我是
英雄!

那是谁的便便?

好了，让我们严肃地讨论一下便便。

有些动物会吃粪便!

吃它们自己的或其他动物的。

一些昆虫吃大型动物的粪便，
因为里面还有很多未消化的食物。
蜣螂已经滚动物大便滚了近3000万年。
它们吃粪便，
还在里面产卵。

蜣螂

兔子有两种**不同类型**的粪便。
不过，只有一种是用来吃的。

一些小动物甚至吃它们妈妈的粪便，
因为里面有一些它们出生时
没有的有益细菌。

树袋熊有点儿像个立方块。
它们的屁股可不是方的。
但它们的便便是世界上
唯一一种立方体形状的大便。
没有人真正知道为什么以及它们是怎么做到的。

你可以通过观察动物的粪便来判断是哪种动物。
而且你可以辨别出它晚餐吃了什么。

蛇不常拉屎，
但当它们拉屎时
也会排出固体的尿液。

好吧，我很普通，
我就是正常排出
便便。

因为蜗牛的身体都缩在壳里，
所以蜗牛的肛门就在肺里，
就在头附近。

蜗牛粪便

蜗牛头

熊冬眠时一直不拉屎。
怎么做到的呢？
你真的想知道吗？

毛塞

它们会舔自己的皮毛，
在体内形成一种毛茸茸的塞子。

这就意味着它们必须等到春天再次进食之后才能排便。

许多动物通过粪便来标记领地。

狮子和老虎等大型猫科动物希望
其他捕食者知道它们在那儿。

但小型猫科动物不是顶级掠食者，
所以它们会把自己的粪便埋起来，
好隐藏自己的气味。

你在那儿干吗呢，
小马？

我在埋我的大便，因为
我不是顶级掠食者。

放屁

几乎所有哺乳动物都放屁。
树獭似乎是唯一一种不放屁的哺乳动物。
但它们有**严重的**口臭。

鲸放的屁最大。
海豹放的屁最臭。

对于有些鱼来说，这可是生死攸关的事。
如果它们不放屁，就会浮到水面上死掉。

海牛借助体内的气体漂浮。
当它们需要再次沉入水里时，
只需要放个屁。

每天都有很多小小的白蚁在放屁，
它们也为地球上的甲烷污染贡献了一份力量。

*你难道不希望这是真的吗?

有些蛇有一种叫作
泄殖腔爆裂
的放屁防御机制。

知识百宝箱

哺乳动物在肠道中分解食物时，会产生气体。
这要归功于消化食物所需的某种细菌。吃素多就会放屁多，
吃肉多就会放臭屁。动物的消化系统越长，产生屁的概率就越大。
章鱼、贻贝和蛤蜊不会放屁。鸟类可能会，但没有人确切地知道。

动物
无处不在

还记得缓步动物吗?
它们跟节肢动物关系密切。

如果有危险情况,
缓步动物会进入一种休眠状态,
被称为**隐生状态**。
它们会排出体内的水分,
暂时变成一个没有生命的球。
它们可以在危险的辐射和
太空寒冷的真空环境下生存。

缓步动物、管虫、蛤蜊和虾可以在
海底火山口的沸水附近生活。

在没有阳光的洞穴里生活的动物是白色的,
没有眼睛。
因为在黑暗中不需要颜色和视觉。

有些动物生活在海洋中最深最暗的地方,
那里的温度接近冰点。

睡着的
水熊虫 ↓

呼

呼!

隐生的
水熊虫
↓

实际大小
↓↓

发烫的
小水瓶

木棍

也叫苔藓小猪
或水熊

有些动物甚至生活在其他动物**身上**或**体内**。

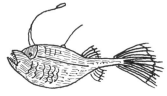

海狸能用牙齿砍树，并混合泥土和树枝筑坝、筑巢。
白蚁能挖隧道，在地面堆成巨大的土堆。
它们甚至会建造高大的烟囱，以便排出热空气。
有些动物的家很奇怪也很奇妙。

与神奇的鱼
一起游吧

鲨鱼和鱼类是最早的脊椎动物。
它们用鳃在水下生活和呼吸。

并不是所有的鱼都有鱼鳞。
有些鱼的身上有黏液。

鲨鱼和鳐鱼都属于鱼类，
但是有个很大的不同。
它们的骨架是由软骨组成的，
而鱼类通常是硬骨的。

鳐鱼的身体是扁平的，
尾巴上有毒刺。

但鲨鱼才是海洋中的顶级掠食者。

它们非常聪明，
有强壮的下颌和一排排牙齿，
可以把你撕成碎片。

有些鲨鱼不是卵生，
而是胎生的。
沙虎鲨甚至在出生之前就是捕食者，
它会吃掉自己的兄弟姐妹，直到只剩下自己一个。

游慢点，
你们这些家伙！

知识百宝箱

脊椎动物的软骨或骨骼外层有脊柱，可以保护脊髓。
软骨不像骨头那么硬，它比较有韧性，通常位于骨头的连接处。
摸摸你的耳朵，它是由软骨组成的。骨骼的外层很坚硬，
内部有海绵状的血管、神经和骨髓。鱼类、两栖动物、爬行动物、鸟类和
哺乳动物都是脊椎动物。

大多数鱼类，
甚至鳗鱼，
都是**辐鳍鱼**。
它们的鳍是由皮肤和骨头构成的。

电鳗能在体内产生强大的电流。
它们用电发现猎物，
然后将其击昏。

有些鲇鱼有**触须**，
也就是嘴边的胡须，
里面有味蕾。
不过有些鲇鱼的**整个身体**
都有味觉。

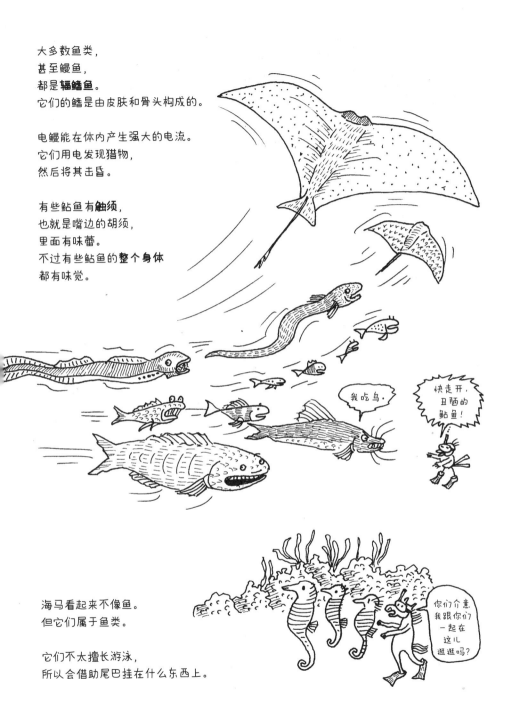

海马看起来不像鱼。
但它们属于鱼类。

它们不太擅长游泳，
所以会借助尾巴挂在什么东西上。

神奇的
两栖动物

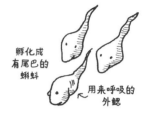

青蛙卵 →

发育成
胚胎 →

煎青蛙卵
不怎么
好吃

在希腊语中，
两栖的意思是
"过双重生活"。
这就是蟾蜍、青蛙
和蝾螈的状态。

孵化成
有尾巴的
蝌蚪

用来呼吸的
外鳃

我们都会跟婴儿时期
长得不太一样。
不过，两栖动物幼年时
甚至有鳃，
看起来就像鱼一样。

等到长大，
它们就长出了四条腿和肺。

蝌蚪
长出
后腿

它们靠
尾巴里的
"食物"
存活

蝌蚪长出
前腿

尾巴
变短

两栖动物通常不会像昆虫那样结茧或化蛹，
但它们的蜕变也同样令人称奇。

成年
青蛙 →

两栖动物成年后呼吸空气。
但它们必须一直保持皮肤湿润，
所以不能离开水域太远。

130

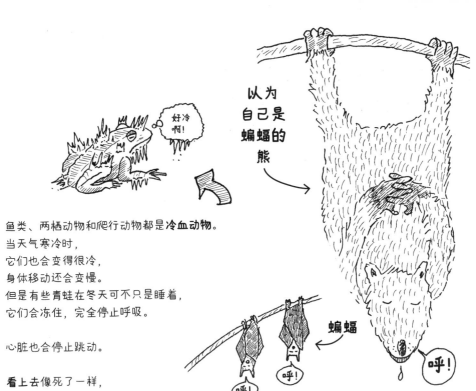

鱼类、两栖动物和爬行动物都是**冷血动物**。
当天气寒冷时，
它们也会变得很冷，
身体移动还会变慢。
但是有些青蛙在冬天可不只是睡着，
它们会冻住，完全停止呼吸。

心脏也会停止跳动。

看上去像死了一样，
但其实它们准备着在春天醒来。

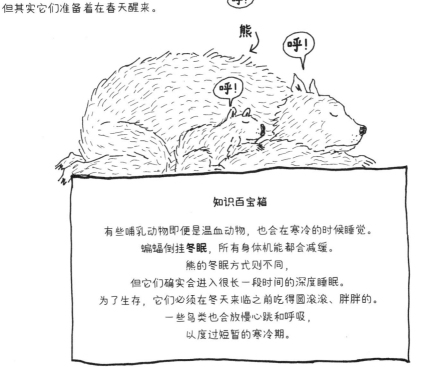

知识百宝箱

有些哺乳动物即便是温血动物，也会在寒冷的时候睡觉。
蝙蝠倒挂**冬眠**，所有身体机能都会减缓。
熊的冬眠方式则不同，
但它们确实会进入很长一段时间的深度睡眠。
为了生存，它们必须在冬天来临之前吃得圆滚滚、胖胖的。
一些鸟类也会放慢心跳和呼吸，
以度过短暂的寒冷期。

著名的爬行动物

蛇、鳄鱼、短吻鳄、蜥蜴和
乌龟都有肺，可以呼吸空气。
它们是有鳞的脊椎动物，
鳞片有时会随着皮肤一次性脱落。

最大的**爬行动物**是六米长的咸水鳄。
它们会潜在水中伏击猎物，
还能用"死亡翻滚"的方式杀死大型动物。

最小、最可爱的爬行动物是变色龙。
它们每只爪子上只有两根"指头"。
变色龙可以改变自身的颜色。
它们有一条可以抓取东西的灵巧的尾巴，
还有一条可以捕捉晚餐的黏糊糊的舌头。

> 该死！
> 黏糊糊的舌头！

> 可怜的
> 淡水龟。

屁股呼吸

> 呼！

爬行动物的某些习性的确很奇怪。

淡水龟在结冰的池塘里过冬，
但它们不能像青蛙一样冻住，
仍然需要呼吸。
幸运的是，
它们肛门上的特殊血管可以从水中吸氧。
没错，这就是所谓的"**屁股呼吸**"。

知识百宝箱

冷血动物依靠环境来升温和降温。它们必须躺在阳光下取暖，
或在冷水中降温。**温血动物**利用体内的能量来取暖。
此外，它们还可以通过打战，也就是肌肉抽搐来取暖。
喘气可以避免它们过热。
哺乳动物还会出汗，来帮助降温。

卵的小知识

爬行动物的宝宝是卵（蛋）生的。
爬行动物的蛋很软，蛋壳很坚韧。
通常蛋都被埋在地下。
大多数时候，妈妈不会等在附近。
不过鳄鱼妈妈会。
所以**不要弄坏鳄鱼蛋**。

爬行动物、鸟类和哺乳动物的
蛋壳是防水的。
里面是保护**胚胎**的液体。

两栖动物的卵中则没有任何液体，
所以它们必须把卵产在水里。

直接产下幼崽的情况还是很少见的。
大多数动物都是产卵（蛋）。

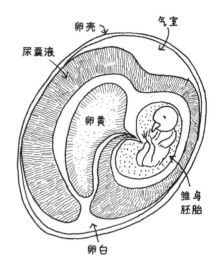

卵壳
气室
尿囊液
卵黄
雏鸟胚胎
卵白

哎呦！

鱼会产下大量的卵。
有些鱼把卵含在嘴里直到孵化。
海马爸爸把宝宝装在腹部的育儿袋里。

有些蜘蛛妈妈会背着自己的卵到处跑。
还有一些昆虫，
比如耳蝠，
会留下来照顾它们的卵。

危险动物

人类之所以处于食物链的顶端，
只不过是因为我们会协作，
会驯化其他动物，并使用工具。
但是许多其他的动物
天生就有内置武器。

永远不要
相信豚鼠。

巨大
重物

愤怒的豚鼠
（可以把巨大重物抛出老远）

金鱼不喜欢
看电视真人秀。

一家人　　电视

讨厌电视的金鱼

而且，武器不一定是
锋利的牙齿和爪子。

河马身体圆圆的，很可爱，
但它们的体形也很大，
很有攻击性。

虽然是食草动物，
但河马是世界上最致命的大型陆地动物。
它们可以把鳄鱼撕成两半。

白犀牛同样个头巨大，
甚至还更重（令人困惑的是它其实是灰色的）。
它的皮肤像盔甲一样，巨大的角很可怕。

如果公平较量，犀牛**可能**会击败河马。
但河马是群居动物，它们潜伏在水下。
你甚至都没看到它们在那里，
但只要打扰到它们，就会被**杀死**。

**准备复仇的
愤怒蚂蚁**

大蜘蛛的
收购！

蜘蛛喜欢认为自己才是最危险的生物。但有些鸟类也是有毒的，
如果你攻击或者吃掉它们就会中毒。鹤是没有毒的。
它们是长得最高的飞鸟，但是无害。

有一种叫作"黑头林鵙鹟"的鸟
会吸收并储存它们所吃的有毒昆虫的毒素。

有些鱼和海龟也会让自己带有毒素。
它们会吃有毒的藻类、珊瑚和水母。

甘蔗蟾蜍会在体内
产生极其危险的毒素。

可怕的
巨型狼蛛

黑头
林鵙鹟

非常
致命

不可以

吃的动物！

有些猴子

箭毒蛙

蜣螂

蝙蝠

甘蔗蟾蜍

有些海龟

箭毒蛙黑黄相间的皮肤非常漂亮，
但其实这是一个警告信号。

箱形水母是最毒动物的金牌得主。

它们的毒素毫无疑问会杀死你。
而且过程非常痛苦，
你可能会先心力衰竭，
或者休克溺水。

以及最毒的……

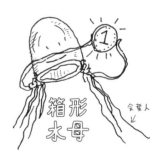

箱形
水母

会蜇人

我！很致命！

懒洋洋
又很致命的
可爱懒猴

树

哺乳动物很少有毒，
但也有例外。
这个毛茸茸的小可爱是懒猴，
它很可爱。
但它的汗水和唾液都是有毒的。
如果懒猴把它们混合在一起……
就更加糟糕了。

植物界的
捕食者

猪笼草

大家都知道有些植物有毒。
但是植物也可能是捕食者。
它们仍然通过光合作用获取能量，
但它们也从猎物身上获取营养。
在土壤太薄或者不够肥沃的地区会演化出不同的肉食植物。

看起来很无害。

猪笼草通常会诱捕昆虫，
甚至能诱捕老鼠。

维纳斯捕蝇草不只吃苍蝇。
有些里面还发现了青蛙骨架。

我觉得猴子是危险动物，小鸟。

下一页就是猴子的末日了。

维纳斯捕蝇草

知识百宝箱

"有毒"是指一种东西如果你接触或吞掉了会很危险。
"恶毒"是指这种生物会蜇人或咬人。
虎斑游蛇和蓝环章鱼则是超常发挥，既有毒又恶毒。

美丽的鸟儿

鸟类是有喙和羽毛的
温血脊椎动物。它们产硬壳蛋。
羽毛既可以保暖,
又可以帮助它们飞翔。
不过,即使**不会飞**的鸟也有翅膀。

有些鸟,比如企鹅,
在水下"飞"。
防水羽毛使
它们的身体保持温暖和干燥。

火烈鸟呈现一种神奇的粉红色。
这是因为它们吃的藻类和小贝类体内
含有一种叫作β–胡萝卜素的橙色化学物质。

我是一只火烈鸟,我不打湿屁股就能过河.

我不行.

小鸣禽,我命令你!

我有翅膀,小鸟.

鸟类拥有其他动物所没有的独特的发声器。
有些鸟可以模仿**任何**声音,
甚至是其他动物的声音。
而且每类鸣禽都有不一样的歌声。

知识百宝箱

许多鸟会飞去温暖的地方过冬,这就是**迁徙**。
北极燕鸥创造了最远飞行距离纪录。它们一年中大部分时间都在飞行,
在北极和南极之间迁徙。一些蝴蝶和北美驯鹿也会迁徙,以度过冬天。
北美驯鹿是驯鹿的一种,它们不会飞。
当然,圣诞夜送礼物时除外。

我是最棒的!

很多鸟只吃种子和果实。
但大多数鸟是杂食动物。
有些甚至还会吃其他的鸟。

鸟类的大脑很小，
但有**很多**神经细胞。
它们**很聪明**。

非洲灰鹦鹉特别聪明，
它能学习和理解数百个单词。

鹦鹉

鼓槌

鸡腿

香蕉

很小的脑子

很大的脑子

闭嘴，小马。

我的大脑很大，小鸟。

不难看出，鸟类是从恐龙演化而来的。
猫头鹰会把猎物整个吞下，
然后吐出一团骨头和毛皮组成的小球。

猛禽有弯曲的喙和锋利的爪子，
可以把猎物撕碎。

秘书鸟会把猎物踩死。
猜猜食猴鹰下午茶时间吃什么？

这是一只会吃猴子的老鹰！！

神奇的
哺乳动物

哺乳动物是温血动物。
妈妈们用自己的乳汁喂养宝宝。
哺乳动物呼吸空气，
多毛（鲸甚至在出生前就有毛）。

有些哺乳动物会游泳，有些会滑翔，有些会跑跳，只有蝙蝠会飞。
哺乳动物的牙齿是锋利还是圆钝，取决于它们以什么为食。
鲸则完全没有牙齿。

哺乳动物一开始都有四肢。
但鲸和海豚不需要，所以就演化掉了四肢。
哺乳动物四肢末端有爪子、趾甲或蹄。

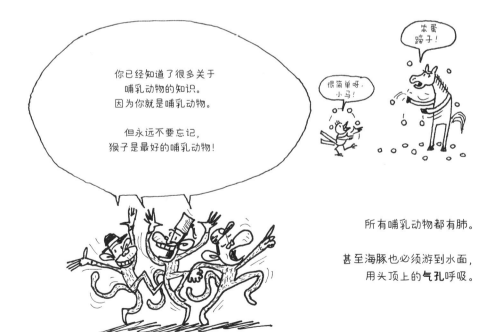

你已经知道了很多关于
哺乳动物的知识。
因为你就是哺乳动物。

但永远不要忘记，
猴子是最好的哺乳动物！

笨蛋
蹄子！

很简单呀，
小马！

所有哺乳动物都有肺。

甚至海豚也必须游到水面，
用头顶上的**气孔**呼吸。

140

有些哺乳动物有**角**。
但并不是所有的角都一样。

犀牛角是由**角蛋白**组成的。
指甲就是这种材料。
角会一直生长。

雄鹿的**角**是死骨。每年都会脱落。
而长颈鹿的角只是皮肤下面长出的小小的骨质突起。

大象的象牙就像角一样，但那其实是巨大的牙齿。
独角鲸的牙又长又尖。
独角鲸被称为海洋中的独角兽。

每种哺乳动物都有一套独特的声音。
鼻息声、呼噜声、吠叫声和嘶鸣声……
除了沉默的长颈鹿。
独角鲸和海豚会发出口哨声和咔嚓声。

猴子的声音跟人类最像。
它们用听起来像句子的声音交流。
黑猩猩在其他方面更像我们，
它们使用手势比使用声音多。

吼猴是声音最大的
陆地动物。

知识百宝箱

哺乳动物的形状和大小各异，有巨大的蓝鲸，有微小的大黄蜂蝙蝠。
但哺乳动物只有三种主要的类型。
有袋类哺乳动物的幼崽在育儿袋中生活，
单孔类哺乳动物产卵，**胎盘类哺乳动物**的幼崽在母体子宫里发育。
像马这样的哺乳动物一出生就能找到食物，还会行走，
而人类的婴儿则无能为力。
但所有哺乳动物都会留下来照顾自己的孩子。

4

你体内的宇宙

我们就是一个宇宙，小马！

哇！

你的身体有96%是由碳、氧、氢和氮元素组成的。60%都是水。

你身体里有什么？

碳原子

碳是你的肌肉、脂肪、蛋白质和DNA的主要原材料。构成你的物质和构成钻石的物质是一样的。

你的身体是由许多部分组成的。*

☐ 一个大脑
☐ 一个头脑
☐ 一只猴子
☐ 一个会泵的东西（心脏）
☐ 一个呼吸的东西（肺）
☐ 一个肝
☐ 一个方向盘
☐ 两个肾
☐ 一个发动机
☐ 十根手指（包括大拇指）
☐ 十根脚趾
☐ 一条舌头
☐ 一匹马

☐ 两块馅饼
☐ 一条长长的肠子上面附着很多块状的东西
☐ 一个屁股
☐ 一个备用屁股
☐ 一些隐私部位
☐ 两条腿
☐ 两条胳膊
☐ 另外七条腿
☐ 一大块奶酪
☐ 腿骨
☐ 眼睛（两只）
☐ 嘴唇（两片）

*清单上的部分选项并不完全准确。

144

你是一个脊椎动物。
只有2%的动物是脊椎动物，所以你很稀有。

脊椎动物演化出了惊人的大脑、神经系统和骨骼。
而你的这些东西在动物界可是数一数二的。

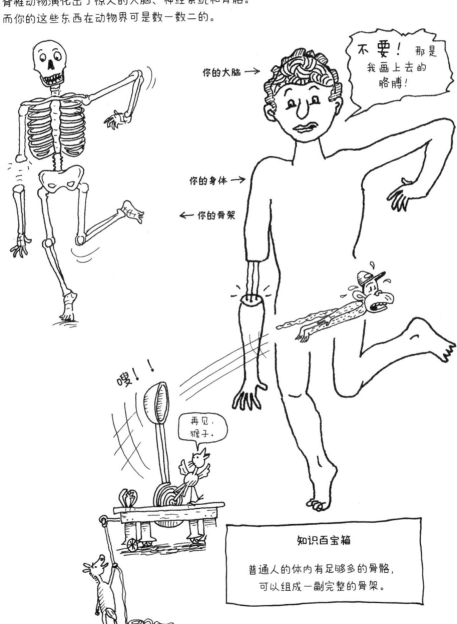

你的大脑 →

不要！那是我画上去的胳膊！

你的身体 →

← 你的骨架

嗖！！

再见，猴子。

知识百宝箱

普通人的体内有足够多的骨骼，
可以组成一副完整的骨架。

145

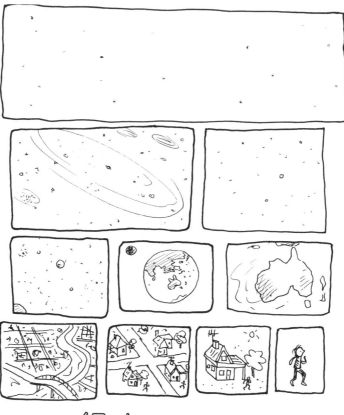

在你之外的宇宙**很大**。

非常大。

不过，你的那部分宇宙

同样很大！

维系宇宙的引力、摩擦力、磁力和科学定律正在你的身体上和体内发挥作用。
电、物质状态的变化，以及连接和分解分子的化学反应……
这些也都在你的体内发生。

对于那些组成你身体的微小部分来说，
你是……

巨 大 的。

尽管作为宇宙的一部分，

你 无限小！

你所知道的和能说出来的
那些你体内最小的东西，
我们要用最好的显微镜才能看到。

即使是最简单的生命，
内部也有惊人的世界。

小鸟和小马缩小
成豆子大小，
前去探索人体的奥秘。

你这一整个宇宙由细胞组成，
细胞由分子组成，
分子由大约7,000,000,000,000,000,000,000,000,000个原子组成，
原子由更多的亚原子粒子组成。

此外，别忘了，
你身体里的每个原子都有几十亿年的历史。
你的氢原子是在**大爆炸**中产生的。

备用零件

如果你失去了一只胳膊或一条腿，
你的身体仍然可以工作。
但如果你失去的是心脏或肺，
那就不行了。

如果你需要一个备用器官，
必须有人把**他们的**给你。

医生可以用设备来代替身体的一些部分，
比如可以帮助心脏跳动的**心脏起搏器**。
或者用一台机器在你的体外清洁你的血液，
通常这是肾脏需要做的事情。

但你绝对**不能**换掉你的大脑。

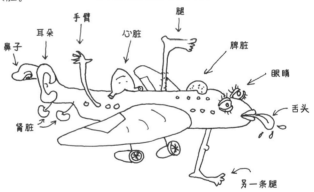

小马的画

一架长着人体器官的巨型喷气式飞机

鼻子　耳朵　手臂　心脏　腿　脾脏　眼睛　舌头　肾脏　另一条腿

知识百宝箱

一般飞机是由0个人体部件构成的。但是，**人造假肢**是用
跟飞机相同的轻质又坚固的金属、塑料和碳纤维制成的。
而且3D打印正被用于制造替代细胞甚至替代器官，
所以有一天，如果我们需要的话，
人体修复可能会变得更加容易。

蜥蜴的尾巴可以重新长出来。蝾螈甚至可以重新长出部分大脑。
我们则只有部分东西能重新生长，比如皮肤和部分肝脏。
但如果完全缺失，它们也不能再长出来了。不过，举个例子，
即便我们失去了一部分的肺，我们也能活下去。我们只是不能顺畅地呼吸了。

你的大脑和脊髓组成了你的**中枢神经系统**。

被称为神经冲动的信息沿着
身体和大脑之间的脊髓在体内传递。
神经细胞（有时叫作"**神经元**"）
可以发送和接收电信号。

树突
树突
接收来自其他细胞的
信号

细胞体
细胞体
维持细胞运转

细胞核
细胞核
控制整个神经元

轴突
轴突
传递信号至其他细胞
和器官

大脑

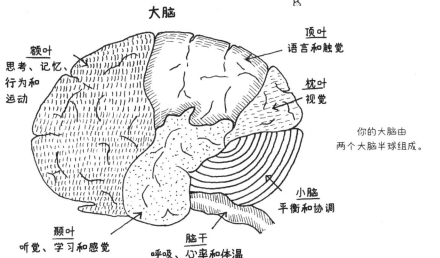

额叶
思考、记忆、
行为和
运动

顶叶
语言和触觉

枕叶
视觉

你的大脑由
两个大脑半球组成。

小脑
平衡和协调

颞叶
听觉、学习和感觉

脑干
呼吸、心率和体温

即使**疼痛**也只是一种电信号。
它通常是警告我们有什么地方不对劲。
但疼痛对于每个人来说是不一样的。
有些人从来感觉不到疼痛，
有些人动不动就觉得疼。

你要是有感觉
就告诉我！

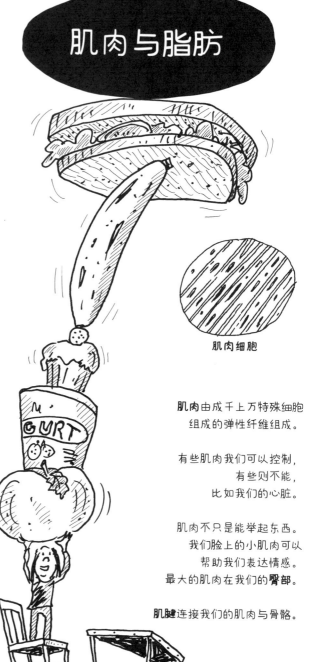

肌肉与脂肪

脂肪细胞

你可能认为肌肉是好的，
脂肪是坏的。

但是**脂肪**可以缓冲和
保护你的身体，
并使你保持温暖。
它也做着重要的工作，
比如储存维生素和能量。

在过去，
寻找食物是很困难的。
如果你有段时间不吃东西，
你会感谢你的脂肪。

肌肉细胞

肌肉由成千上万特殊细胞
组成的弹性纤维组成。

有些肌肉我们可以控制，
有些则不能，
比如我们的心脏。

肌肉不只是能举起东西。
我们脸上的小肌肉可以
帮助我们表达情感。
最大的肌肉在我们的**臀部**。

肌腱连接我们的肌肉与骨骼。

骨骼肌牵引你的
骨骼让它们移动。

心肌使你的
心脏工作。

你的内部器官
周围有**平滑肌**。

小鸟！！
画家把我的
身体部位画错了！

史诗般的
演化失败

现在的你可能不需要储存大量的脂肪。
你也不需要像远古人类那样健壮、肌肉发达。

但是，还有一些其他的
身体部位作用要小得多。

阑尾挂在小肠和大肠之间。
可能曾经它是有用的。

我不知道我是
在来还是在去。

一直转圈圈，
直到你搞
清楚为止。

但是现在它什么都不做，
除了偶尔破裂，
需要让医生切除。

我们脊椎末端的小骨头是**最没用的**。
这是我们祖先的尾巴留下来的。

知识百宝箱

我们也错过了很多很酷的东西。人类可能会制作地图然后看地图，
而鸽子大脑的一个部位可以读取地球磁场并借此来导航。
蛇的眼睛和大脑有一个额外的部位能够探测热量，就像红外摄像机一样，
所以它们可以在晚上狩猎。蜜蜂能读懂电场，引导它们找到花朵。
海豚和蝙蝠借助被称为**声呐**的声波束来"看到"周围的东西，
即使是在黑暗的水里。

你的大脑是老板

人类的语音和语言非常复杂，
使用了大脑中的多个区域。
实际上是你喉咙里的**喉头**在发出声音。
但你大脑左侧半球额叶上的一小块区域
会把你的想法变成语言。

大脑的不同区域
会解读感官告诉它们的东西。
眼睛和大脑必须
特别迅速地沟通。
光学错觉产生于
大脑被欺骗或混淆的时候。

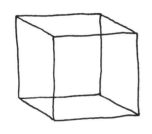

 观察这个立方体20秒。
哪一面看起来在前面？
大多数人过一会儿就会觉得另一面变成了前面。

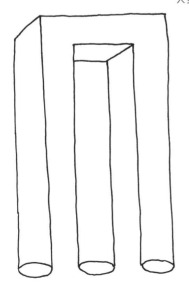

 这幅画非常
令人困惑。
它合理吗？
不太合理。

这让我
头很痛。

你让我
背很痛。

152

人类大脑是相当大的,
一般有大约1.5千克。
但人类大脑的特别之处可不在于它的大小。
没有人真正知道到底是什么。

视觉是你的超级感知。
你的**眼睛**不可思议。

你的**虹膜**是彩色的,
瞳孔可以控制光线
进入的多少。

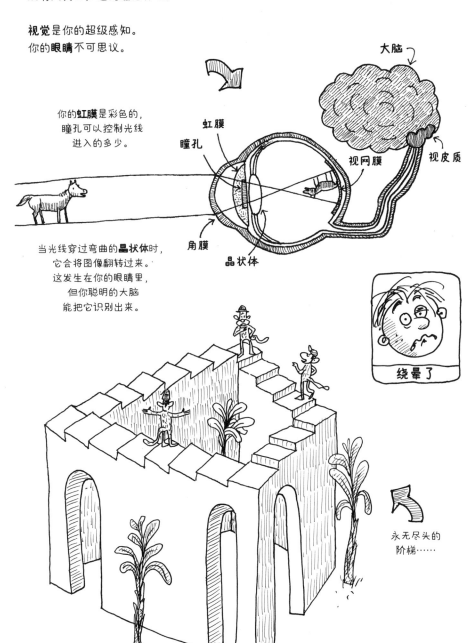

大脑

虹膜

瞳孔

视网膜

视皮质

角膜

晶状体

当光线穿过弯曲的**晶状体**时,
它会将图像翻转过来。
这发生在你的眼睛里,
但你聪明的大脑
能把它识别出来。

绕晕了

永无尽头的
阶梯……

感觉……

像一匹马

当你做一些有趣的事情时，
大脑会释放一种叫作
神经递质的化学物质。
这会让你感觉很好，你会微笑。

开心

愤怒

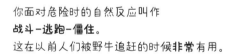

愤怒和恐惧
没有太大区别。
它们都有一种
特殊的神经递质。

你面对危险时的自然反应叫作
战斗-逃跑-僵住。
这在以前人们被野牛追赶的时候**非常**有用。

你会呼吸加快，心跳加快。
所有的感官都处于警备状态。
所有的能量都用来**帮助生存**。

不幸的是，有时候即使你没遇到可怕的危险，
这种反应也会发生。
我们称之为恐慌或压力。

你的大脑在你不知道的
情况下做了很多事。

脑干负责一些**基本**的事情，
比如呼吸、吞咽、心率和**意识**。

有意识就是指能够察觉到
事物并做出反应。

睡觉时是没有意识的，
但你仍然可能梦游，
而且你的身体仍然会非常忙碌地
生长、修复、储存记忆和做梦……

噩梦

好梦

海豚每次只用一半的
大脑睡觉，
这样它们就能继续游泳。

马是站着睡觉的，
这样它们就不会成为猎物。

鸟类栖息在树枝上睡觉。
它们的腿会抓紧树枝，
所以它们不会掉下来。

很遗憾，这些我们都做不到！

想想我们的

一切，

甚至我们的思想、感觉和性格都是由
我们大脑中的化学反应和电信号引起的，
这难道不神奇吗？

感官

有时梦境是如此真实，就像你真实地看到、听到、摸到、尝到和闻到一样。
即便是清醒状态下，每个人也不是在以同样的方式体验生活。

听觉是我们仅次于视觉的第二大感官。
声波振动进入你的**耳朵**
并沿着**耳道**传播。
它们使你的**耳膜**
产生振动。

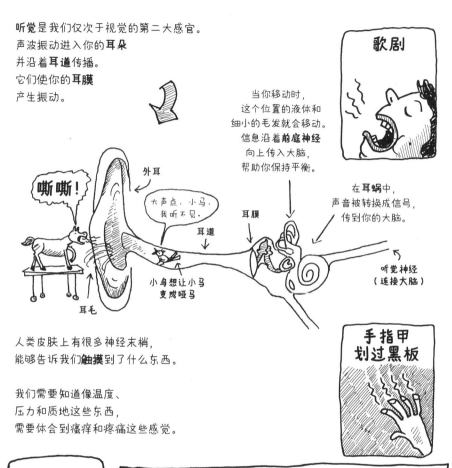

歌剧

当你移动时，
这个位置的液体和
细小的毛发就会移动。
信息沿着**前庭神经**
向上传入大脑，
帮助你保持平衡。

在**耳蜗**中，
声音被转换成信号，
传到你的大脑。

嘶嘶！

外耳

大声点，小马，
我听不见。

耳膜

耳道

听觉神经
（连接大脑）

小鸟想让小马
变成哑马

耳毛

人类皮肤上有很多神经末梢，
能够告诉我们**触摸**到了什么东西。

我们需要知道像温度、
压力和质地这些东西，
需要体会到瘙痒和疼痛这些感觉。

**手指甲
划过黑板**

落水狗
有臭味

知识百宝箱

很多动物通过一种叫作**信息素**的化学物质进行交流。
它们的臭味就能传递很多信息。这就是为什么狗会在树上撒尿。
蚂蚁也会留下痕迹，告诉其他蚂蚁食物在哪里。
大部分动物的信息素我们都闻不到，谢天谢地。
我们人类也有信息素，但我们并不经常使用。

有些人的基因会让他们的味觉或嗅觉比其他人更敏锐。每个人都是不一样的。
你的眼睛可能运转良好，但你大脑中处理视觉的那部分可能不太行。
如果你有联觉，你可能会在听到声音的时候看到颜色，
因为你大脑中的两个或多个部分联结到了同一个感官上。

我们的鼻子会捕捉空气中的微小颗粒。
与鲨鱼等动物相比，我们的**嗅觉**并不出色。
鲨鱼不用鼻子呼吸，
它们的鼻子是百分之百的**嗅觉机器**。
鲨鱼的大脑中大约三分之二的部分都是关于气味的。

不过，大多数情况下，
人们并没有**意识到**嗅觉有多重要。

找出发臭的绿色奶酪小测试

1.
3.
2.

*见下方

发臭的
绿色奶酪

抱子甘蓝

你的舌头上有近10,000个小疙瘩。
它们就是**味蕾**。
我们可以识别咸味、苦味、酸味、辣味和甜味。

不过，跟嗅觉和触觉结合之后，
味觉会变得更加强大。

*戴帽子的大鲨鱼猜对了。
发臭的绿色奶酪在1号盘子里。

皮肤很酷

你的皮肤表层是防水的。
它包裹住了你所有黏糊糊的东西。

如果没有皮肤，你不能做的事情——

不可以洗澡

不可以在泳池游泳

不可以喝奶昔

你的皮肤与其他动物皮肤的质地不同，
而且只有大约4毫米厚。
有些鲸的皮肤有35厘米厚。

你的皮肤是一小块一小块地脱落的。
可不是像蜘蛛那样一次性脱落。

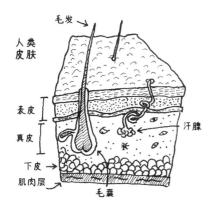

人类
皮肤

毛发

表皮
真皮
下皮
肌肉层
毛囊
汗腺

你的皮肤细胞合产生一种叫
黑色素的化学物质。
这让你的皮肤有了颜色。
但章鱼的皮肤可以匹配任何颜色，
即使它们是色盲。

人类的皮肤擅长**出汗**。
汗是臭的，但却非常有用。
它能让你降温，所以你才不必像其他哺乳
动物那样需要喘气或在泥地里打滚。

神奇的脚和灵巧的手

我们可能不是动物王国中感官最敏锐的，
但是我们有**最神奇的手**。

你可以握紧拳头，抓得很牢。
你灵巧的手指可以做非常精细的事情，
比如写字、缝纫和制造机器。
它们也可以很强壮。
有些杂技演员仅用手指就能平衡全身。

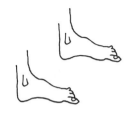

用两条腿走路是**很困难**的事情。
你的耳朵、眼睛、肌肉和大脑必须不断地交流，
这样你才能两脚平衡。

你的短**脚趾**非常适合跑步。
脚后跟上的特殊脂肪可以保护你的脚骨。
要不是我们的祖先用两只脚行走，
我们也不会演化出手。
那我们还得用手走路。

知识百宝箱

手是由四根手指和一根可以对握的拇指组成的。
考拉的手和手指跟我们的很像，但它们的是爪子，而不是扁平的指甲。
大多数情况下，只有灵长类动物有手，但它们的脚也经常像手一样工作。
其他动物用尾巴、脚爪、螯钳或利爪来抓取。

毛发、指甲和牙齿

动物的**毛发**或皮毛越厚，
越油亮，就越能保暖。
人类几乎到处都长毛发……
除了我们的手掌和脚掌，以及
我们的眼皮和嘴唇。
想象一下毛茸茸的嘴唇！

毛发掉了又长。
它可能会小到我们看不见。
男人会长胡子，
就像雄狮会长鬃毛。
很遗憾我们不长**须**，
须是有特殊感应能力的毛发。

头发、**手指甲**
（以及动物的角、爪子和蹄子）
都是由角蛋白组成的。
蹄子只不过是可以站立的指甲。
爪子是弯曲的、**锋利的**。

你**牙齿**的外层是你
全身**最坚硬**的东西。
牙齿的活体部分安全地
藏在**牙釉质**里面。

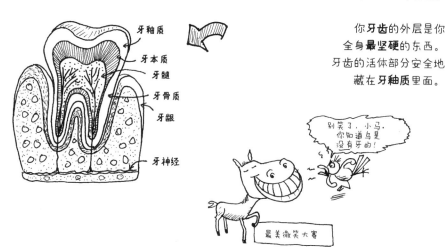

牙釉质
牙本质
牙髓
牙骨质
牙龈
牙神经

人类是杂食动物。
因此，我们兼具食肉动物和食草动物牙齿的特点。
扁平的**臼齿**将食物磨碎。
尖锐的**犬齿**将食物撕裂。
门牙将食物切断。

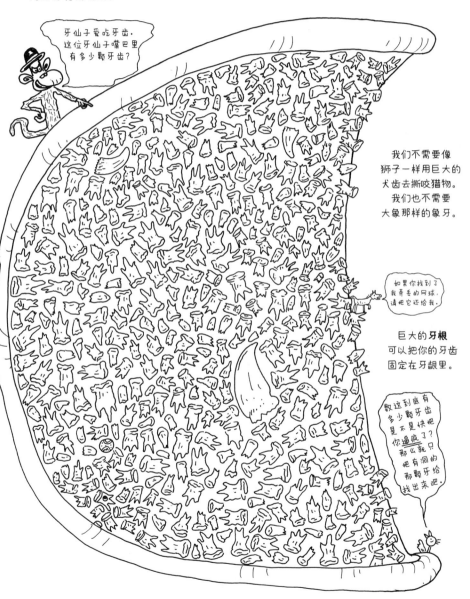

牙仙子爱吃牙齿。
这位牙仙子嘴巴里
有多少颗牙齿？

我们不需要像
狮子一样用巨大的
犬齿去撕咬猎物。
我们也不需要
大象那样的象牙。

如果你找到了
我弄丢的网球，
请把它还给我。

巨大的**牙根**
可以把你的牙齿
固定在牙龈里。

数这到底有
多少颗牙齿
是不是快把
你逼疯了？
那么就只
把有洞的
那颗牙给
找出来吧。

你已经知道了，
我们是由细胞组成的。
但你可能没有意识到细胞有多么**微小**。
而且它们可不是一起粘在了一团巨大的**人形物体**里面。

你的细胞构成了**组织**（可不是你擦鼻涕的那种"纸"）。

细胞　　　　　　　　　　　组织

组织构成了**器官**（可不是你吹的那种管风琴的"管"）。

器官构成了你的身体**系统**。

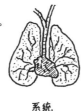

管风琴的"管"
（可不是人体
器官的"官"）

系统　　　　　　　　　　器官

知识百宝箱

人体的主要系统是循环系统、消化和排泄系统、内分泌系统、
皮肤系统、免疫和淋巴系统、肌肉系统、神经系统、泌尿系统、
生殖系统、呼吸系统和骨骼系统。
它们一起让我们保持健康和活力。

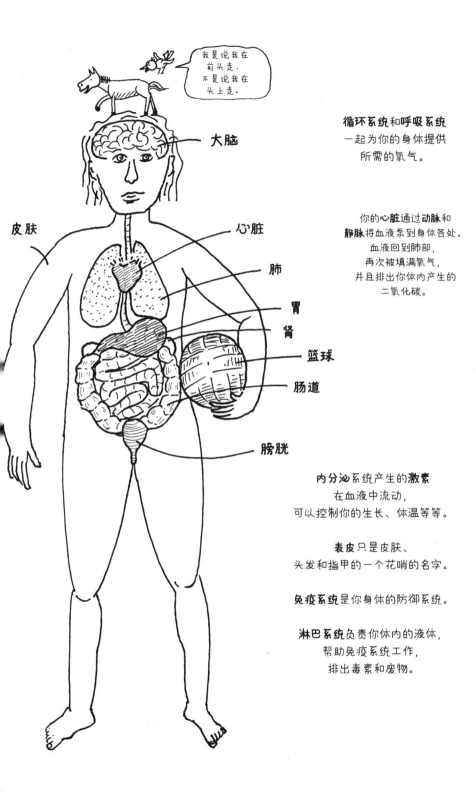

大脑

皮肤

心脏

肺

胃

肾

篮球

肠道

膀胱

循环系统和**呼吸系统**
一起为你的身体提供
所需的氧气。

你的**心脏**通过**动脉**和
静脉将血液泵到身体各处。
血液回到肺部，
再次被填满氧气，
并且排出你体内产生的
二氧化碳。

内分泌系统产生的**激素**
在血液中流动，
可以控制你的生长、体温等等。

表皮只是皮肤、
头发和指甲的一个花哨的名字。

免疫系统是你身体的防御系统。

淋巴系统负责你体内的液体，
帮助免疫系统工作，
排出毒素和废物。

163

大便和
小便

有什么比大便和小便还有趣的?
没有!
你的**消化系统**和**排泄系统**很有意思。
你的**肾脏**和**沁尿系统**也很有意思。
但是你知道它们是如何工作的吗?

食物
进入 → ← 粪便
排出

蠕虫的消化和排泄系统是一根长管。
食物从一端进去,粪便从另一端出来。
不过蠕虫没有牙齿,它们有一个**砂囊**。
它们会吞下石头来磨碎食物。

食物
进入 → ← 粪便
排出

狗有牙齿,它们的内脏更复杂,
但**原理**是一样的。
人类也一样……食物进入,
粪便排出。
一路上,有些器官会从食物中
吸收**营养物质**(有用的部分),
其他器官将毒素和废物排出体外。

肾

体内的
血液进入

干净的
血液
流回
体内

废物进入
膀胱

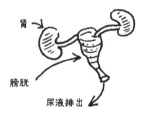

肾

膀胱

尿液排出 ↙

你的肾脏特别重要,你有两个肾。
它们能过滤你的血液并生成尿液,将坏东西带走。

进入胃部的旅程非常艰难。

食物被你的牙齿咬碎，
然后顺着长长的管道被送到内脏。

整个通道被称为**消化道**。

胃通过搅动食物和添加消化液
为食物消化做准备。

有益的细菌开始工作。
食物变成浓稠的糊状物，
叫作**食糜**，进入小肠。

肝脏、胆囊和胰腺中的胆汁和酶在小肠中分解食物。
营养分子如氨基酸、脂肪酸、单糖、维生素和
矿物质被吸收到你的血液中。

在大肠中，
更多好东西被吸收到你的血液中，
包括水。

剩余的固体部分，
比如纤维，被储存在大肠的最后一段。
猜一猜它们是什么。没错⋯⋯

大便！

165

所有的生命都必须制造或者吃下
它所需要的东西才能生存。
能量沿着食物链传递。
当你吃植物时，
你会得到它们通过光合作用产生的能量。
当你吃动物和蘑菇时，
你会得到它们通过吃植物和其他生物得到的能量。

你的食物是由碳水化合物、蛋白质和脂类等组成的。
它们能提供我们身体所需的氨基酸、
脂肪酸、单糖、维生素和矿物质。

有两种类型的维生素。你都需要。
你可能听说过维生素C。
它是一种**水溶性维生素**。
你无法储存它，
所以你必须每天都吃水果和蔬菜。
另一种是**脂溶性维生素**。
植物从地下吸收铁和钙等矿物质，
你可以通过吃植物来获得矿物质，
不需要亲自去舔土。

食物中的**碳水化合物**为我们提供能量。

它们是天然的（大部分）非甜味的**糖类**。

我们可以在两个地方储存额外的能量。

短时间的储存在肌肉中，

长时间的储存在脂肪中。

能量储存就是为什么极端情况下

你没有食物也能存活数周的原因。

但是没有水的话，你只能活几天。

脂类给我们提供**脂肪酸**，

可以储存能量和营养物质

（比如脂溶性维生素）。

它们能帮助蛋白质完成工作。

蛋白质是最有用的东西。

你体内有超过

10,000种不同的蛋白质。

蛋白质是细胞**最重要的**组成部分。

它们携带信息和其他分子，

比如氧分子。

细胞所产生的蛋白质的类型决定了它的作用。

知识百宝箱

有健康的食物和不健康的食物。有好的糖类和脂肪，

也有坏的糖类和脂肪。食物越天然，对你的身体就越有用。

但是有些食物可能带有细菌或者有毒，

或者成为你过敏反应的**过敏原**。

致病专家！

没有病毒化石，所以我们无法知道它们最早出现在什么时候，
但即使是细菌也会感染某些病毒。而且病毒的演化速度非常快。

还记得这些恶心的东西吗？
它们会让你生病，
甚至可能会杀死你。

病毒是微小的粒子。

它们的基因由DNA或者
一种叫作RNA的东西组成。

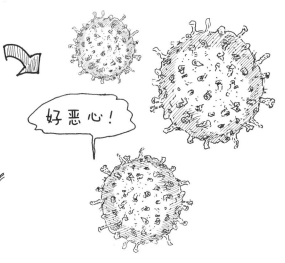

好恶心！

阿嚏！

病毒利用你的细胞进行繁殖。
它们强迫细胞**一遍又一遍**地
复制出更多的病毒粒子……
病毒从一个细胞中**爆发**出来，
开始攻击其他细胞。

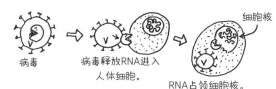

病毒　　病毒释放RNA进入　　　　　　细胞核
　　　　人体细胞。

RNA占领细胞核。

因此，你的身体努力不让病毒侵入。
鼻黏膜和鼻毛捕获灰尘和病菌。

鼻子连接你的胃，
那里的胃酸和有益的细菌
能够消灭病菌。

唾液能杀死你嘴巴里的病菌。
咸咸的**眼泪**可以冲洗掉你
眼中的灰尘或防止感染。

新的病毒粒子被释放。
细胞被破坏。

病毒利用细胞
制造更多病毒。

生病时大部分不愉快的事情都是
你的身体在试图帮助你。

你的免疫系统升高你的体温，
试图对抗病菌。
奇怪的是，
这也可能使你感到**寒冷**发抖。
但**高烧**也会对你造成危险。

黏液**越多**就能清除**越多**病菌。
这就是为什么你的喉咙会疼痛肿胀，
你的鼻子会流鼻涕。
你打喷嚏和咳嗽是为了把病菌排出去。

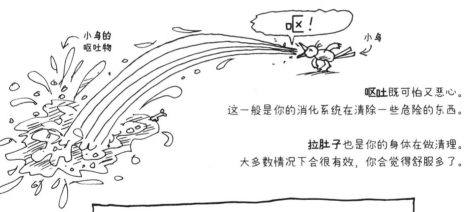

呕吐既可怕又恶心。
这一般是你的消化系统在清除一些危险的东西。

拉肚子也是你的身体在做清理。
大多数情况下会很有效，你会觉得舒服多了。

知识百宝箱

有时病毒可能会造成很大的损害，导致坏细菌很容易就进入体内。
这时你需要**抗生素**。抗生素**不能**杀死病毒或使你更快康复，
它们只处理细菌。有一些**抗病毒药物**专门作用于某些病毒。
它们不能杀死病毒，
但是却能阻止病毒攻击你的细胞，这也很有效。

我的翅膀骨断了！！

超级英雄
系统

红细胞将氧气带到你体内的各个地方，
白细胞对抗感染。
血小板是你血液中的一种特殊类型的蛋白质。

如果有东西让你流血了，
血小板就会冲上去救援。
它们黏在一起，
形成血凝块。
血凝块会在你的皮肤上结痂。

膝盖擦破了！
膝盖流血了！
身体该怎么修复啊？！

膝盖流出
的一摊血

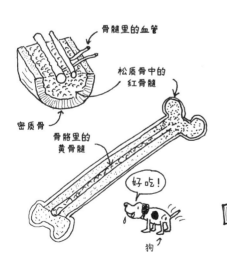

骨髓里的血管

松质骨中的
红骨髓

密质骨

骨骼里的
黄骨髓

好吃！

狗

当皮肤细胞重新长出来时，
血痂就会脱落。

瘀青是因为你的皮下有出血。

你的身体也可以修复骨骼，
它会在断裂处形成血凝块。

然后身体会长出一种更加坚硬的叫作骨痂的骨质组织。
它可以愈伤并将骨头连接在一起。

当蚊子咬你的时候，
它会一边吸你的血，
一边注射阻止血液凝固的唾液。

被咬部位周围的细胞会分泌**组织胺**，
召来更多的血液和白细胞。
你可能会长出红肿发痒的小疙瘩。
但如果你的身体反应过度，
那就是所谓的**过敏**。

你可能需要服用一种**抗组胺药物**。

你的身体无法分辨某样东西是好还是坏，
它只知道这不应该出现。
因此，即使你**需要**一个替代器官，
你的身体也可能会排斥它。

毒药和毒液会破坏你身体的正常工作方式。
它们可能会攻击你的神经系统，
或者阻止你的细胞正常修复，
或者破坏你试图过滤掉坏东西的肝脏和肾脏。

午餐绝对不能吃这些。

也不建议吃这些。

不好的食物……

豌豆射手

奇怪的身体小知识

邪恶的
豆角

保龄球

豌豆

我们用感官来判断食物能不能吃。
不合格的食物是**发臭**的，
我们会本能地知道那是**不好的食物**。

但我们并不像其他动物那样一出生就会复杂的行为。
没有人教你的话，
你不会筑巢或织网。
人类一出生只有基本的**反射行为**，
比如抓握东西。

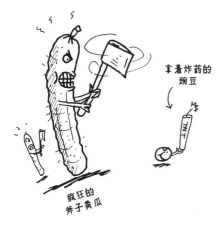

拿着炸药的
豌豆

疯狂的
斧子黄瓜

你知道吗？就像火烈鸟一样，
如果你吃了大量的β-胡萝卜素，
你的皮肤会变成橙色。
胡萝卜和南瓜里就有这种东西。

芦笋会让你的尿闻起来很奇怪。
甜菜根和浆果会让尿变成**粉红色**。

但是吃糖太多并不会真正让你精力充沛。
你只不过是很**兴奋**！

你的白细胞实际上把病菌、
受损和死亡的细胞"吃掉"了。
这就是为什么会有**脓液**。
如果你挤痘痘，
你会把额外的细菌带到你新制造的伤口上。
脓不可怕。你才可怕！

大袋的
糖

我从你的
眼睫毛里来。

← 睫毛螨虫

鸡皮疙瘩是你的体毛周围的
微小肌肉在绷紧。
过去当你感到寒冷或害怕时，
让毛发变得蓬松起来是很有用的。

打嗝是因为你的**膈肌**痉挛，
膈肌是帮助你呼吸的肌肉。
它就在胃的上方。
你打嗝通常是因为胃胀。

螨虫是一种小昆虫。
尘螨以房屋内四处散落的
死皮细胞为食。
你打喷嚏是因为对尘螨过敏，
而**不是**对灰尘过敏。

大多数生活在人体皮肤上的
螨虫会让人感到瘙痒。
但也有些螨虫是透明的、微小的，
不会造成麻烦。
数以百万计的人甚至
不知道他们有睫毛螨虫。

辣椒中的一种化学物质叫**辣椒素**，
它能触发你口腔中检测热量的神经。

辣椒会欺骗你的大脑，
让它觉得你被烧伤了。
它对哺乳动物有效，
但对鸟类无效。

它也会欺骗你皮肤里的神经。
还有你的眼睛。
所以**不要碰**！

一桶辣椒

喂，快看，
小鸟，马饲料！

马饲料

那些猴子
这次
太过分了！

愚蠢
的马！

哈！
哈！
哈！
哈！
哈！
哈！

你的身体是如此奇怪又奇妙。
你想造一个也造不出来。

5

我们所创造的世界

当然,人类是发现了火,
因为它发生在大自然中。
但**生火**是一项发明。

早在我们还是早期智人的时候,
就有人把两根棍子放在一起摩擦,
他们利用摩擦的力量来引起燃烧。
所以现在我们有其他基于燃烧的发明,
如汽车和喷气式发动机。

现在的你知道各种各样用来
解释事物是如何运作的
那些花里胡哨的科学术语。

几千年前可**没有人**知道,
因为那时它们还没被想出来。
但那时的人们还是**非常**聪明的。

例如4000年前,
中美洲就有人发明了橡皮筋和橡胶球,
甚至还有橡胶鞋。

他们最早使用树液和
一种藤蔓汁液来制造橡胶。
所以,现在我们有了
汽车轮胎、胶鞋和运动鞋。

发现带来发明，一个发明又带来另一个发明。
发明家利用他们所了解的化学知识和物理规则以及
摩擦力、电力、磁力和重力的力量来工作。

你听说过**热塑性树脂**吗？
古代的澳大利亚人没有听说过，
然而他们发明出来了。

他们用草中的树脂制作出了
一种强力的防水胶。
这种胶水甚至可以
把石矛头粘在木棒上。

由于所有的发现和发明，
以及人们相互沟通和合作的能力，
小社群变成了大社群。

大约4000年前，
有些**社会**发展成了**帝国**。
也就是说他们统治了其他社会。

即使是现在，强大的国家也在
尝试通过战争和贸易建立帝国。

知识百宝箱

社会指的是生活在同一地区的一大群人，他们有着相同的领导和语言，
以及相似的文化和信仰。一个社会里的有些东西是大家共享的，
比如政府和教育体系，并且可能有与其他社会不同的家庭团体和宗教。
有些社会的文化会比其他社会更具有多元性。

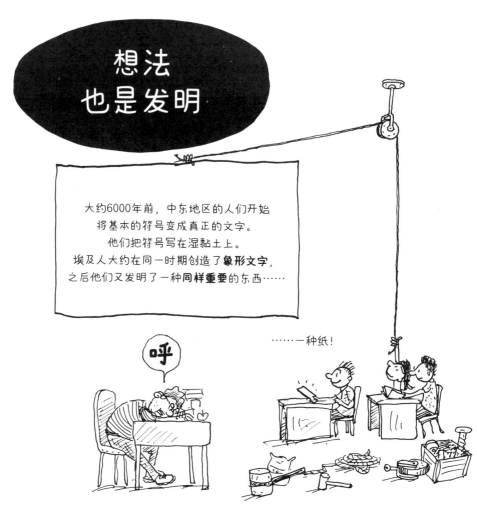

想法也是发明

大约6000年前，中东地区的人们开始
将基本的符号变成真正的文字。
他们把符号写在湿黏土上。
埃及人大约在同一时期创造了**象形文字**，
之后他们又发明了一种**同样重要**的东西……

呼

……一种纸！

莎草纸是一项史诗般的发明。
它是由纸莎草制成的。很轻，易于储存。
而且比黏土、木头或兽皮更好写。

然后，大约3500年前，
一个聪明的贸易民族"腓尼基人"发明了**字母表**。

字母表很容易学，因为字母代表的是**声音**，
而不是整个单词。
通过组合这些字母，你可以写出**任何**单词，
而不需要学习**成千上万个符号**。

A: AARDVARK（土豚）

大约2000年前，
中国人发明了纸。

但直到1440年，
我们才能轻松地印刷整本书。

一个叫约翰内斯·古登堡的德国人发明出了
可以在一个框里面排列重组的金属字母。
每一页都可以用印刷机印很多次。
当然，现在我们都是用电脑。

感谢有了文字、字母、纸和印刷机，你也差不多成一个"万事通教授"了。
现在你可以去教你的老师一两件事了！

受过
训练的
忍者鼠

学生

数学是人类最厉害的又一项发明。

数学使我们大部分的科学知识和发明成为可能。
古代的数字系统很多都是基于我们的十根手指。
但大约1500年前，印度数学家发明了**位值**和**零**，让大家的生活更加简单。

印度-阿拉伯十进制系统让计算变得更简单。
还让我们能够轻松地找到这本书的某一页。

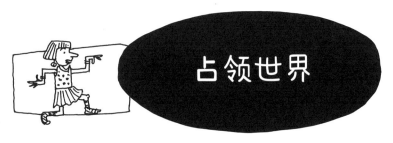

占领世界

随着帝国越来越富有,
越来越强大,
他们发展出了更复杂的政府和军队。

他们在世界各地征服其他民族,
所以可并不善良。

小鸟,我们为什么不去世界各地征服其他人呢?

好的,我们这就去。

你可能听说过古埃及帝国、波斯帝国,
还有希腊或罗马帝国。
也许你知道秦朝、汉朝或者维京时代。
它们都没能长存。
一个王朝失去权力,
另一个就会接替。

但是它们几乎创造了现代世界。

在那之后,
欧洲人发明了可以航行到世界各地的船只,
第一个全球帝国诞生了。

180

战争

纵观历史,
人们一直为了权力、
金钱或土地而相互争斗。
有时是为了宗教。
可悲的是,
战争可不是用馅饼和烂水果打的。

183

不穿衣服
并不粗鲁

现在，穿衣服是法律规定的。
可并不是向来如此。
过去，温暖地区的文明并不真正需要穿衣服。
寒冷地区的古人只是穿动物皮毛以保持温暖和干燥。

衣服有时是规则的一部分。
它们可以保护你在劳动时免受伤害，
或者是你**必须**要穿的制服。

很多文化都有独特的服装，
那是他们传统习俗的一部分。

有时候衣服只是一种关于**你是谁**的表达。

五千多年来，
人们纺毛线，制造**布料**。
棉花、丝线和竹丝也都可以用于编织。

但现代织物如尼龙和涤纶是由塑料制成的。
它们被称为**合成物**。

184

建造它！

早期的人们住在山洞里，
把合适的地方当作庇护所。

后来他们开始建造自己的居所。

现在的建筑是由混凝土、钢、
玻璃、砖和木头建成的。
而最早的房屋是用附近找到的
天然材料建的。

有时房子是用树木和树皮搭成的。
有时是把织物或兽皮搭到木制框架上，
甚至是鲸骨上。

加拿大的因纽特人用冰块建造冰屋。
风进不去，
里面总是温暖舒适。

今天，人们可能住在房屋或
大型公寓楼里。

甚至是国际空间站里。

国际空间站
不是这个样子……
现在还不是！

185

金钱与贸易

我要把你卖多少钱呢，小马？

你真的要卖掉我吗，小鸟？

不，她不会卖了你，但是我会！

或者拿你去换一只美味的苍蝇。

出售

钱并不总是银行账户里的一串数字，
或一张你刷一下就能买东西的银行卡，
甚至一开始它都不是硬币和纸币。

在金钱出现之前，**有物物交换**。
如果你有一项技能，你可以用它来换取你需要的东西，
比如一只鸡。一旦你有了鸡，
你就可以用鸡蛋或小鸡去交换你需要的其他物品。

但有些古人产生了一个聪明的想法。
他们会给需要的物品，比如盐或牛，设定一个**价值**。
然后他们再拿这些东西去购买其他物品。
一些社会甚至同意把贝壳、有标记的石头
或棍子上的切口当作有价值的东西。
在大帝国诞生后，他们用金属制造硬币。
从那以后，有件事一直不曾改变：
钱只值社会所认同的它的价值。

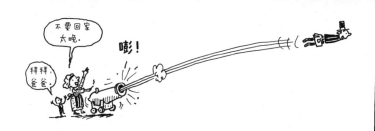

人们用技能和时间换取金钱，
这就是所谓的**工作**。
你也可以制造和售卖东西。

你可以用一个国家的**货币**交换另一个国家的货币。
1澳元可以换取一定数量的英镑或日元。
但随着时间变化，数额并不总是相同。

各国之间一直在买卖东西。
这就是所谓的**全球贸易**。

一部手机是由全世界各地开采、回收或制造的**原材料**制成的。
这些原材料又合在更多的国家被组装成**部件**。
这些部件合被**运往**某个国家组装起来。
然后，手机被运往**世界各地**进行销售。
这就是一条**供应链**。

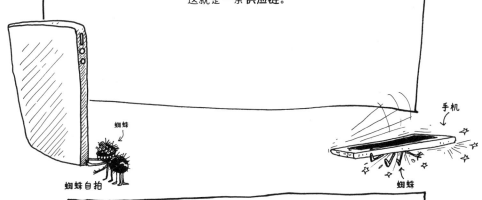

蜘蛛

蜘蛛自拍

手机

蜘蛛

知识百宝箱

你从海外购买东西用于使用或者销售，就是**进口**。
你把它卖到海外，就是**出口**。通常情况下，
你必须向政府支付**税款**才能做这些事情。不同的国家有不同的税收制度。
税就是当你赚钱或者有时当你花钱时需要向政府支付的钱。

吃你的晚餐……

如今，食物是一门科学。
人们发明了防腐剂、罐头、玻璃瓶和真空包装的容器，
这样你就可以储存食物，不再挨饿。

烹饪可以让食物更容易消化，
并且能杀死坏细菌。
但是像奶酪和酸奶这样的食物，
里面加入了一种有用的细菌。
面包之所以蓬松，
是因为我们添加了一种
叫作**酵母**的真菌。

我们还用塑料包装食物，
添加化学物质来改变
食物的颜色、味道和口感。

植物在过去是我们唯一的药物。
然而……可从来没有医生开的处方
是爆米花或者薯条。

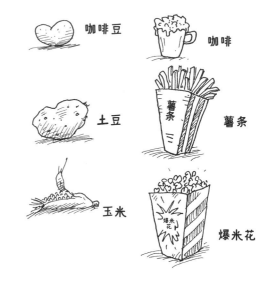

咖啡豆

咖啡

土豆

薯条

玉米

爆米花

有些真的很可怕的疾病是由
不吃新鲜水果蔬菜的
饮食结构而引起的。

比如**坏血病**，
它可怕到没法讲给你听。
不要去查它。

西红柿

意面酱

牛油果

牛油果酱

芥末酱

辣根

188

所以，乖乖吃药吧！

1362年，中东的一位医生提出
有看不见的细菌在人们之间传播。
但当时没有人相信。

即使在150年前，
医生还会用**水蛭**给你放血，
他们也不会洗手。

植物药物是最先被发现的。
人们使用在罂粟中发现的止痛剂**鸦片**
已经有7000多年的历史了。

现在的药品大多是在实验室里制造的化学品。
但最重要的药物之一是偶然发现的一种真菌。

1928年，一位非常邋遢
（但非常聪明）的科学家
把一个细菌样本留在了外面。
当他外出回来的时候，
他发现一种霉菌正在把细菌吃掉。

这种霉菌就是青霉素，
第一种抗生素。
它拯救了数百万人的生命。

知识百宝箱

一个多世纪前，一个叫路易斯·巴斯德的法国人改变了
大家对细菌的理解。他把他的**细菌理论**应用到食品和医学领域。
现在的牛奶仍然在用他发明的一种叫作"巴氏杀菌"的加工方法来
达到安全饮用标准。还记得疫苗是如何帮助你的免疫系统
在你不得病的情况下对抗病毒的吗？
这也是他发明的。

189

鸡蛋的一生

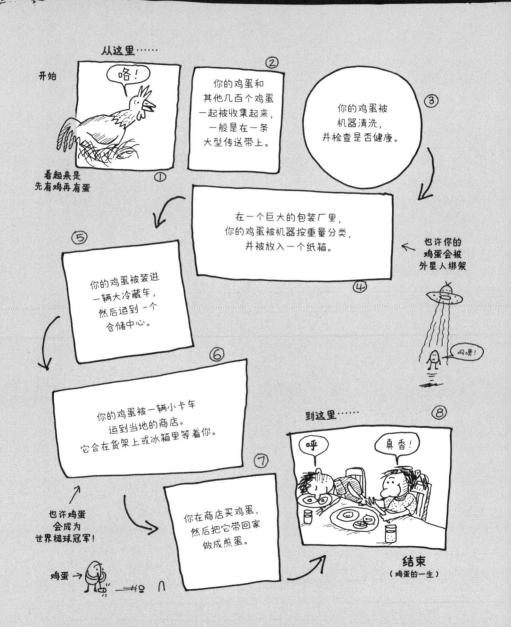

191

材料和物品

任何东西都**必须**用**正确的
材料**而非**错误**的**材料**制成。
我们能制造和发明什么，
取决于我们
拥有什么材料。

金属和其他矿物来自一种叫作**矿石**的岩石，
大多数是从地下**开采**出来的。
然后，矿石必须被熔化，
以获得有用的部分。

金属有光泽，密度较大。
它们能导电、导热，也可能有磁性。
我们使用最多的是**铁**。
人们意识到了铁的重要性，
它**极大地**改变了我们的生活，
所以我们把那个时期叫作**铁器时代**。

氢马

酷·

铅鸟

纸飞机

← 腿

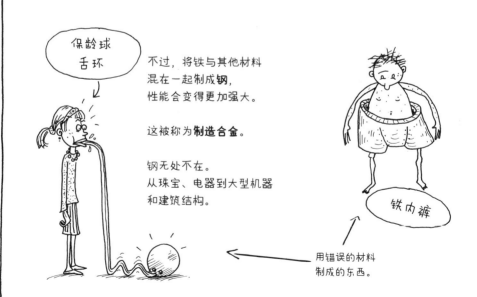

保龄球
舌环

不过，将铁与其他材料
混在一起制成**钢**，
性能会变得更加强大。

这被称为**制造合金**。

钢无处不在。
从珠宝、电器到大型机器
和建筑结构。

铁内裤

用错误的材料
制成的东西。

钢筋是制作笼子的
正确材料。 →

我们在建造时使用最多的是**混凝土**。
这是一种掺着石子或沙子的**水泥浆**，
干了以后很硬。
当它湿着的时候，
你可以把它倒出来，
做成任何形状。

不过，混凝土之所以变得坚固
是因为有钢筋从它的中间穿过。

柠檬眼镜

玻璃是由沙子制成的。
沙子过热熔化，
当它再次冷却时就变得
完全不一样了，
而且非常实用。

不仅仅是衣服可以由化学品制成，
塑料也主要是由石油和煤等**化石燃料**制成的。

**棉毛
公寓大楼**

冰激凌太阳

塑料很便利，因为坚韧又防水。
而且与金属不同，它们不携带电流或热量。
环顾四周，你可能会发现一些塑料制品。

汽车零件、泡沫沙发和枕头、玩具和衣服、
织物和地毯、油漆、绳子和胶水
都是由塑料制成的……

知识百宝箱

这些材料都无法**生物降解**。它们都不能被分解。
英雄分解者如细菌、蚯蚓和蛆虫也不能吃掉它们，
而且它们也不会腐烂。
我们将永远与它们纠缠不清。但是我们**可以**把塑料回收再利用。

化石燃料

过去的社会利用人和动物的力量
来拉、推和抬东西。

马、牛和大象在这方面非常有用。
但是现在大象对我们来说没有什么用处，
除了在洗衣日。

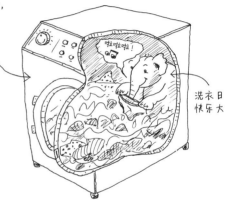

洗衣机

洗衣日的
快乐大象

我们现在所使用的大部分能源
来自燃烧燃料。

还记得碳原子是你身体和
地球上所有生命
的主要成分之一吗?

它们也是化石燃料的主要成分。

知识百宝箱

化石燃料的产生需要数百万年的时间，
所以我们的煤炭、石油和天然气最终都会耗尽。
可再生能源，如太阳能、风能、水电和生物质能，是不会耗尽的。
阳光、风和水是最好的，因为它们不会在空气中增加有害的化学物质。
生物质能还是需要燃烧的，不过我们**可以**把它变得更多。
生物质能包括木材以及由动物脂肪或植物制成的气体或易燃液体。

化石燃料是由氢和碳构成的。

煤炭是一种黑色岩石。
它曾是史前树木和蕨类植物的沼泽森林。

石油是一种黑色液体。
它曾是水下的细菌、藻类和浮游生物。

天然气的主要成分
是地下腐烂物质产生的甲烷。

化石燃料是这些东西被置于
巨大压力下数百万年之后形成的。

这与制造**钻石**的过程是一样的。
但钻石是一种更纯粹的碳结构。
你铅笔中的**石墨**比煤炭更接近钻石。

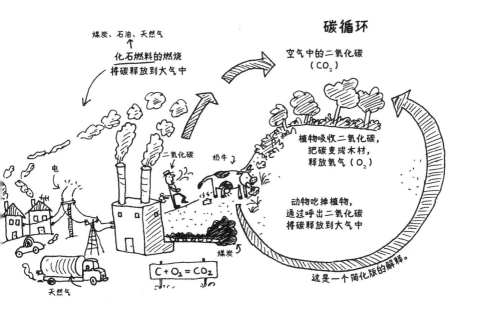

碳循环

煤炭、石油、天然气
↑
化石燃料的燃烧
将碳释放到大气中

电

二氧化碳

奶牛

天然气

煤炭

$C + O_2 = CO_2$

空气中的二氧化碳
（CO_2）

植物吸收二氧化碳，
把碳变成木材，
释放氧气（O_2）

动物吃掉植物，
通过呼出二氧化碳
将碳释放到大气中

这是一个简化版的解释。

195

"制造"
能量

当一架钢琴被推上山顶时，
它有重力作用的势能……

能量不能被创造（或毁灭）。
记住这个事实。这很重要。
而且当你说出这句话的时候，
听起来很有智慧。

我们并没有真正地通过
燃烧化石燃料**制造**出能量。

我们只是将一种类型的能量
转化成另一种类型。

当钢琴被推下山的时候，
重力势能变成了动能。

当人们发现
燃烧是一种
以光和热的形式
释放能量的化学反应时，
他们发明出了
将热能转化成动能的方法。

并借此来**驱动**我们的机器。

当钢琴摔到地上时，能量转移到被打碎的东西身上，
变成其他类型的能量，比如声能。
因为钢琴不会弹跳。

我们不一定非要燃烧燃料才能获得能量。
我们也可以捕捉已经存在于世界上的能量。

太阳能电池板可以收集由
太阳中的核反应所产生的能量，
并将其转化为电能。

风力涡轮机捕捉空气运动产生的能量，
并将动能转化为电能。

水力发电的工作原理也是如此。
水被挡在水坝后面，
放水时产生的能量会移动巨大的涡轮机，
将其转化为电能。

涡轮机的螺旋桨
捕捉到动能，
并转动连接到
发电机的轮子。

小精灵的能量大多
只在烤面包机中起作用，
而且只在它们拿着火焰
喷射枪的情况下。

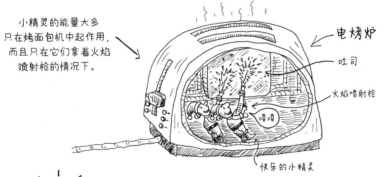

电烤炉

吐司

火焰喷射枪

快乐的小精灵

光

开关

电池

简易电路

电池无法储存**电能**。
它们储存的是化学势能，
当你按下开关时，
化学势能会**转化**为电能。

电线是由导电性能良好的金属制成的。
电流可以很容易地通过。

电线被塑料包裹着，
塑料**不导电**。
这可以防止漏电，
保证你的安全。

神奇的机器

还记得重力、磁力和摩擦力这些一直作用于万物的力量吗？
它们使我们能够移动、减速、转弯和下落。
它们也能阻止我们做这些事情。

简单机械可以通过施力把事情变得更简单。

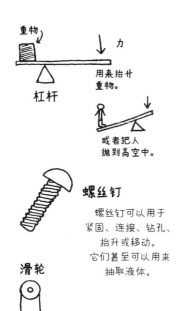

杠杆
重物
力
用来抬升
重物。

或者把人
抛到高空中。

螺丝钉

螺丝钉可以用于
紧固、连接、钻孔、
抬升或移动。
它们甚至可以用来
抽取液体。

滑轮

滑轮可以升降。
力
重物

轮轴

转动轴，
轮也会
跟着转。

轮轴用于移动、
抬升东西，
以及产生我们可以使用的能量。

楔子

楔子可以用于抬升、分离、切割和紧固。
换一种不同的方式使用，
楔子还能变成一个斜面。

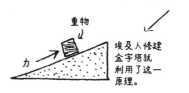

重物
力
埃及人修建
金字塔就
利用了这一
原理。

杠杆可以使力**倍增**。

你离杠杆的**支点**越远，
你的力就被放得越大。

跷跷板、撬棍和剪刀
都是杠杆。
手推车、开瓶器、钢琴键
和火车上的刹车
都用到了杠杆。

杠杆原理

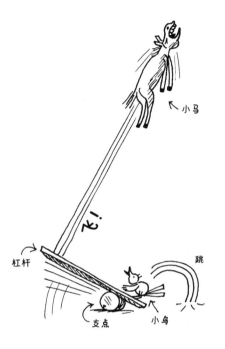

↖ 小马

跳

杠杆 →

支点   小鸟

所有复杂机械都是
由简单机械加上额外部件组成的。

汽车和它的发动机
就是成千上万个
简单机械一起工作。

知识百宝箱

工业革命（大约在1760年之后）是复杂金属机器的时代。
这类机器使工厂成为可能。人们开始生活在大城市里，燃烧大量的煤。
但在1870年左右，人们意识到天然气和石油更有用。
他们制造了汽车、电报和电话、合成材料、塑料和电。
大约1960年后，人们发明了电子设备和计算机。
还有核能，**微小的原子有巨大的力量！**

弹簧可以储存和释放能量，
所以它可以帮助我们弹跳。

如今，像计算机这样的
复杂机器甚至可以代替我们**思考**。

计算机能够存储和处理数据。
它们接收信息，
并遵循程序中写好的**指令**。

然后它们**输出**新的信息。

西格蒙德借助肚子上
弹簧的弹跳力到处走。

梅齐用基因
工程改造的
弹簧腿行走。

200

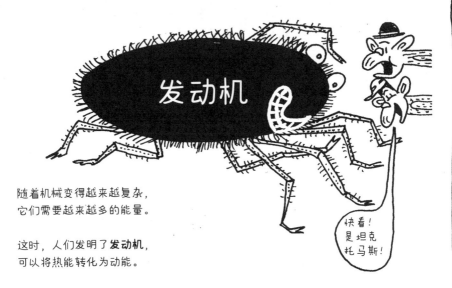

发动机

随着机械变得越来越复杂,
它们需要越来越多的能量。

这时,人们发明了**发动机**,
可以将热能转化为动能。

第一种真正强大的发动机是**蒸汽机**。
它们可以驱动快速列车和工厂的**大型机器**。

蒸汽机

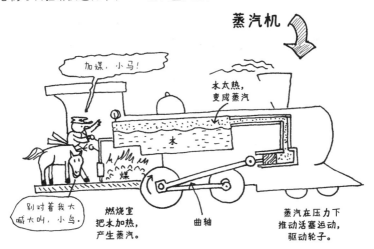

煤炭燃烧使水沸腾并产生蒸汽。
蒸汽的压力推动活塞前后移动。
这样合推动曲轴,
使轮子转动。

更多发动机!

你可能认为发动机的原理很难理解。
但实际上并非如此。

使用汽油的发动机比蒸汽发动机损失的能量要少，
因为它的燃料是在气缸内燃烧的。
这种反应直接驱动活塞。

这就是为什么它们被叫作**内燃机**。

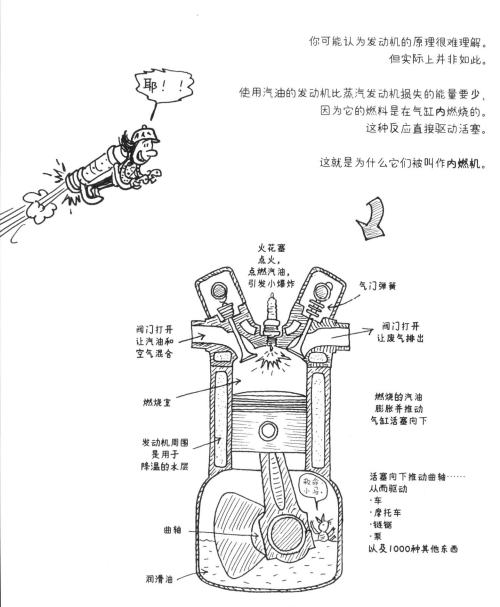

火花塞
点火，
点燃汽油，
引发小爆炸

气门弹簧

阀门打开
让汽油和
空气混合

阀门打开
让废气排出

燃烧室

燃烧的汽油
膨胀并推动
气缸活塞向下

发动机周围
是用于
降温的水层

活塞向下推动曲轴……
从而驱动
·车
·摩托车
·链锯
·泵
以及1000种其他东西

救命
小马

曲轴

润滑油

耶！！

火箭和飞机使用**喷气式发动机**。
用一种化学反应在它们身后射出气体喷流。

这能推动它们**快速**前进。

一些大船和潜艇使用**核动力**。

它们通过**分裂**铀原子来产生热量。
这就是**裂变**。

这也是核弹的工作原理。
裂变不需要燃烧任何东西，
但你必须非常小心。
即使没有**爆炸**，
反应剩下的碎片也是具有**放射性的**，
可以杀死你。

飞翔者贝蒂
借助不受控制的
核爆炸的力量前行。
（好吧，她只试了
那么一次！）

知识百宝箱

一段时间后，人们不再使用蒸汽机为他们的机器提供动力，
而是用电力驱动的**电机**。电机可以把墙上插座里的电能转化成动能，
从而运行洗衣机或电动汽车的车轮等设备。不过，
人们**仍然会**燃烧煤来制造蒸汽。在其他地方的大型发电厂里，
蒸汽被用来发电。

很长一段时间里，
人们的通行都是靠走。
遇到狮子有时也会跑。

但后来他们厌倦了走路和跑步，
所以发明了滑板。

第一块滑板
是用石头
做成的。

实际上，事情不是这样的……

大约在公元前3500年，
有人发明了一个轮子。

野人

羚羊

这是干吗的，
佐格？

但是在一个轮子上
骑行并不怎么有趣，
所以后来人们
发明了**第二个轮子**。

可还是不怎么有用，
直到一个叫Axle*的人发明了一种机器。
就是用木头把两个轮子连接起来。
他把它叫作**车轴**（Axle）。

*最近的研究发现，这个人可能不叫Axle。
甚至不一定是"他"。
不过这种东西确实叫车轴。

这样好多了，
佐格。

204

当一个强大的金属轴与车轮结合时，
人们真的开始移动了……

变快……

更快……

越来越快……

然后再慢下来……

大约在公元前2000年，
辐条轮被发明出来，用在马拉车上。

1886年，第一辆汽车被发明出来，
当时是在三轮车上加装了一个汽油发动机。
它每小时只能行驶约16千米，
但是，**轮子＋发动机＝汽车。**
而现在，最快的汽车最高时速可达435千米。

最慢的汽车就是被堵在路上的那辆。

起飞！

轮子最早被发明出来实际是为了制作陶器而非载着我们移动。
我们甚至在发明轮子之前就已经发明了笛子。谢谢有人把轮子造出来。

早期的飞机可能看起来像鸟……

但它们并不会飞。

这些东西也不会飞。

这就是第一架
动力飞机的样子。

空气阻力

第一次动力飞行是在1903年。
美国的两兄弟在一架
滑翔机上安装了一个轻型发动机。
它飞了12秒，
飞了37米。

不过，看看我们现在有什么……

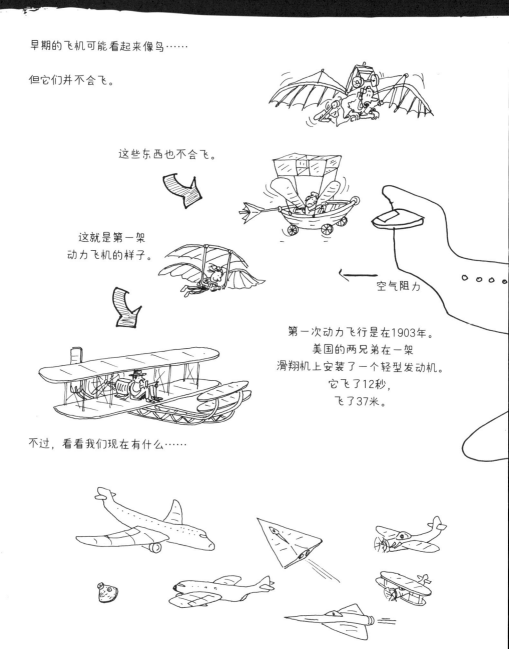

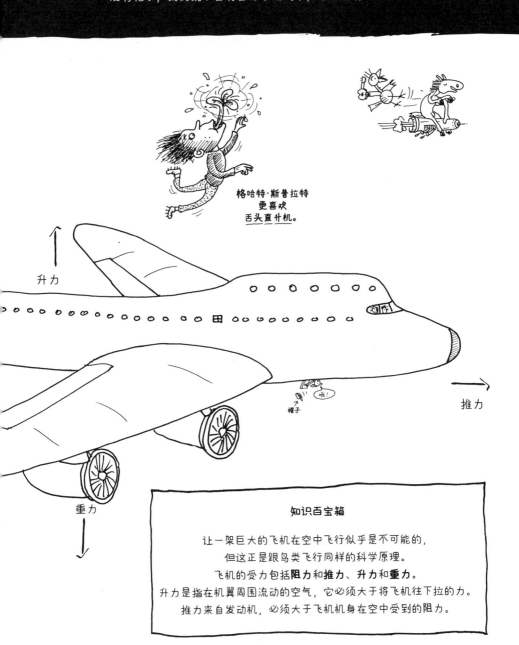

格哈特·斯普拉特
更喜欢
舌头直升机。

升力

推力

帽子

重力

知识百宝箱

让一架巨大的飞机在空中飞行似乎是不可能的，
但这正是跟鸟类飞行同样的科学原理。
飞机的受力包括**阻力**和**推力**、**升力**和**重力**。
升力是指在机翼周围流动的空气，它必须大于将飞机往下拉的力。
推力来自发动机，必须大于飞机机身在空中受到的阻力。

我们的身体系统维持我们的身体运行。
我们的城市也有系统。
大多数情况下，这些系统是看不见的。
你不太会注意到它们，直到它们失灵。

城市系统

船只和巨大的集装箱船都有海上航线。

空中也有航线，
像是空中的公路，
供飞机、巨鹰航班、耳翼飞行和
鹈鹕摆渡使用。*

鲍勃借助耳翼飞行。

耳翼 →

吸盘帮助他
在建筑物的
墙面降落。

巨鹰
↓

鹈鹕摆渡

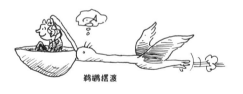

我用神奇的翅膀力量
来飞行。

非常厉害的
豚鼠力量

乌龟力量

交通和道路系统帮助
我们在地面上安全出行。

*这里提到的一些运输方式并非基于事实。

想象一下，如果**污水处理系统**没有
神奇地带走我们用过的生活用水和马桶里的粪水。

如果它在流入大海之前没有进入
过滤厂进行净化？

想象一下，
如果**雨水处理系统**不能确保街道不被淹没。

或者地下管道里
没有清洁的水和
天然气
用于做饭和取暖。

你使用最多的系统是**电网**。

电流从发电站流向你的街道，
通过电线进入你的房子，
所以你可以开灯。

很多海洋动物可以创造自己的光。
它们有叫作**光球**的细胞，
可以利用化学物质或细菌来制造光。

我们不能这样做。
所以我们不得不发明了电灯泡。

知识百宝箱

电信是通过电信号或电磁波进行的远距离通信。
如今，电信可以指电话、广播、电视或互联网。
互联网是一个由世界各地的特殊计算机组成的网络。
它们四处传播信息，
这样你就可以假装**什么都知道**。

要有光！

我最喜欢的
是钨丝灯光。

电灯泡是有史以来最重要的发明之一。

如果你看一下电灯泡内部，
你会看到一根细线。
这就是发光的东西。

电流是电子的流动。
它们沿着电线从负极流向正极。
但它们**不是**轻易就能流动的。
这根线用的金属不同于电线内所使用的金属。

因为有**电阻**，
所以这根线会发热发光。

你**真正**看到的是电能变成的热能和光能。
很神奇，不是吗？

而且电灯泡里充的可不是空气。
里面是一种其他气体，
用来确保线在变热时不会与氧气发生反应。

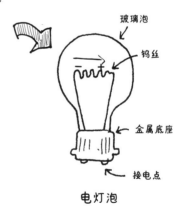

玻璃泡

钨丝

金属底座

接电点

电灯泡

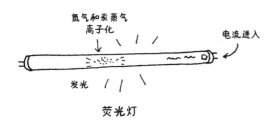

氩气和汞蒸气
离子化

电流进入

发光

荧光灯

荧光灯有点不同，
它们通过一种气体发电。
这意味着它们不用
消耗能量来产生热量。
所有的能量
都变成了光。

现在很多灯都是LED灯。
LED是**发光二极管**的英文首字母缩写词。

任何屏幕都是由大量的LED组合而成。
交通信号灯、数字手表表盘和
几乎所有的电子产品都是如此。

LED灯

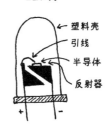

塑料壳
引线
半导体
反射器

LED很小。
它们是由一种叫作
半导电材料的东西制成的。
当电流通过时，它会发生反应。
不同的化学物质能带给你不同的颜色。

飞蛾喜欢光，
所以我也喜欢光。

嘎吱！

灯光晚餐

钨丝灯就是垃圾！
LED灯点亮了我的生活。

知识百宝箱

你之所以能看电视，是因为屏幕上有超过1000个微小的LED灯在亮，
从而形成了一幅画面。许多张稍有不同的图片在你眼前一闪而过，
就骗过了你的大脑，让它以为看到的是动画。
这就像制作定格动画一样。

甚至是最古老的帝国也修建或连接了大型道路系统，
这样他们就可以进行贸易，把士兵和物资送到他们需要的地方。
他们做的下一件事通常是创建一个邮政系统。

很难想象一个没有电话的时代，
所以这里有一些说明，
你可以自己制作电话。

两个空罐子

和

一团线

在罐子的两端开一个洞（见图1）。
将绳子的一端穿过1号罐的洞。

1号罐　　　2号罐

一头　　　一头
封口　　　开口

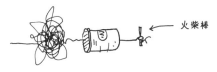

← 火柴棒

系一根旧火柴棒，打一个结。

洞

火柴棒

然后拉紧绳子。
2号罐重复同样的操作。

1号罐　　　　　　　　　2号罐

图1

盖子

割伤

酸伤

还记得语言和合作是如何使我们区分于其他类人猿的吗?
每当人们发明了一种新技术,他们就会将其用来

交流!

你可以拿着1号罐,让你的朋友*拿着2号罐。
现在各自走开,直到把绳子拉紧。
从这里开始有两种可能性。

可能性1, 你站在离对方很远的地方。

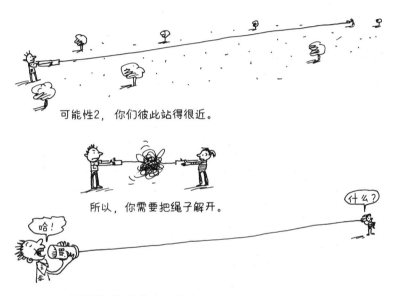

可能性2, 你们彼此站得很近。

所以,你需要把绳子解开。

现在,把1号罐举到你的嘴边,说话。
你的朋友*把2号罐举到耳边,听着。

你的声音只是空气被推动从你的喉头经过。
它使你的声带产生振动。
这在空气中形成声波,
从而导致罐子的振动。
声能继续通过线产生振动!

*或别人的朋友或你的狗。

213

在锡罐之前，你必须通过寄信来进行远距离通信，
也可以靠烟雾信号或者编码的鼓声。
或者饲养训练有素的鸽子，
把小纸条绑在它们的腿上。

好重啊！！

锡罐是在1810年发明的，
用来保存食物，而不是打电话。

值得庆幸的是，
此后不久**电报**就被发明出来了。

莫尔斯电码是一种使用长短电脉冲
组合向世界各地发送信息的代码。
它们被称为"点"和"划"。

A	•–	J	•–––	S	•••	1	•––––
B	–•••	K	–•–	T	–	2	••–––
C	–•–•	L	•–••	U	••–	3	•••––
D	–••	M	––	V	•••–	4	••••–
E	•	N	–•	W	•––	5	•••••
F	••–•	O	–––	X	–••–	6	–••••
G	––•	P	•––•	Y	–•––	7	––•••
H	••••	Q	––•–	Z	––••	8	–––••
I	••	R	•–•	0	–––––	9	––––•

这些信息被叫作**电报**。
轮船、飞机和紧急服务都使用莫尔斯电码通信。
信息可以通过无线电或者电报线发送。

知识百宝箱

在任何通信中，都有一个**发射器**，能将信息变成可传播的东西
（叫作**信号**）。有一个可以传播信号的媒介，叫作**信道**，
而且另一端有一个**接收器**，能将信息变回我们可以理解的形式。
有时，一个设备可以既是发射器又是接收器。

无线通信

有些辐射可能会很危险。
但也有其他类型的辐射
一直都在你身边。
还记得光是电磁光谱的一部分吗?

光是电磁光谱上我们能看到的那部分。
其他类型的电磁辐射
包括微波、X射线和**无线电波**。
所有这些都是非常有用的。

手机是很酷的
双向收音机。

大型信号塔
增强了信号,
能把信号发送到它
需要去的地方。

你的声音或短信被
转换为电信号,
通过无线电波
在空中传播。

信号可以被卫星电话
发送到太空,
再从卫星上反弹回来。

手机 ⟶

豚鼠 ⟶

就在不久之前,
我们今天的通信方式看起来还像**魔术**一样。

6

光阴似箭

你有时间吗？

当你还是个婴儿的时候，你有很多时间。
现在的你也有大把时间。
但随着年龄的增长，
你会觉得空闲的时间越来越少。
你要做的事情越来越多。
你能做的事情也越来越多。

当时间过得很慢的时候，我们会感到无聊。
时间过得很快的话，我们又会筋疲力尽。

当你玩得很开心的时候，
你会感到时光飞逝。
你不想起床的时候，时间飞得最快。

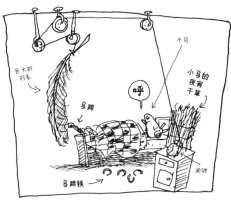

巨大的羽毛

小马

小马的夜宵干草

呼

马蹄

马蹄铁

闹钟

小马有一个特别的闹钟。
因为它睡觉必须戴耳塞，
会听不到闹钟的声音，
所以它有一根巨大的"羽毛"，
会随着闹钟声响而摆动，
挠它的脚。

"大羽毛
小鸟

这根巨大的
羽毛来自一只
很小的鸟，鸟
的尾巴很长，
只有一根羽毛。

然而，我们无法让时间停下来。

时间是如此重要,
所以我们不停地在谈论它……

一次又一次
定时炸弹
光阴似箭
寸金难买寸光阴
时间就是生命
定时释放胶囊
服务时间
时不我待
时间能治愈一切
准时
时间表
美好时光
不是时候

时间不仅仅是感觉

数万年来，在世界各地的每一种文化中，人们都试图用时钟和历法来分割和计算时间。

日晷

太阳在天空中移动时，会在数字上投下阴影，因此太阳的位置会告诉你处于一天中的什么时间。不过到晚上或阴天就不太好用了。

星星

星星在晚上像是绕着两极旋转，所以你可以通过星星的位置来判断时间。白天就不行了。

沙漏

沙子通过一个小孔从顶部的玻璃杯落到下面的玻璃杯里。适合短时间使用，比方说一天，但要是时间更长的话，你就需要一个巨大的沙漏。

埃及水钟

有点像沙漏，只是用的是水而不是沙。它可以用来在几日内标记时间。不过它很大，不方便随身携带。

现代钟表则不同。它们是通过计算物体移动或变化的嘀嗒声或脉冲来计时的。

摆钟

1656年，人们发明了可以计算摆锤嘀嗒次数的时钟。
它们是最早的真正精确的时钟。

机械钟

在金属弹簧和齿轮得到发展之后，钟表可以计算内部
一个小平衡轮的摆动。只要你给它上好发条，它就能
很好地工作。

数字表

使用电池的数字表已经取代了
其他大多数的报时方式。
你手机上的时间是基于绕地球运行的
GPS卫星发出的信号而显示的。

原子钟

大约有400个原子钟一起计算UTC。
它们测量铯原子在两种状态之间
来回变化所需的时间。
没听懂是吗？
没关系。**太复杂了！**

石英钟

它们计算时钟内石英晶体的振动。
首次制造于1927年，非常精确。
可以是数字的，也可以有长短针。

知识百宝箱

1847年后，**格林尼治标准时间（GMT）**是大家设置时钟所参考的标准时间。
现在，**协调世界时（UTC）**是国际标准时间。
有了标准时间就意味着不管我们是在国际空间站还是在飞机上，
都能有一个公认的时间。UTC不受夏令时或时区的影响。

你的**时区**可以告诉你所处之地**现在的**时间。
它是基于你离协调世界时（UTC）时区的距离计算的。

英国处在地图的"中间"，他们使用UTC。

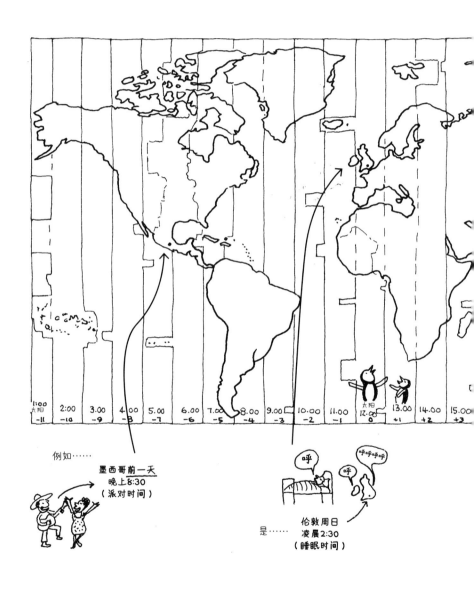

例如……

墨西哥前一天
晚上8:30
（派对时间）

呼

呼呼呼呼呼

呼

是……　伦敦周日
凌晨2:30
（睡眠时间）

假想线从一个极点延伸到另一个极点，
各个国家要么"领先"要么"落后"于UTC，
这取决于它们在地图上所处的位置。

大多数时钟把一天24小时分为
上午12小时（AM）和
下午12小时（PM）。

但有些时钟采用24小时制。
也就是说，你得从0数到23
来算小时数。

读24小时制也很简单。

你只需要把正午后的
小时都加上12就行了。
比如学校的铃声下午3:30响起，
也就是15:30（因为3+12=15）。

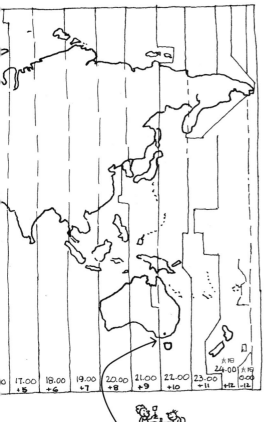

| 17.00 | 18.00 | 19.00 | 20.00 | 21.00 | 22.00 | 23.00 | 24.00 | 太阳 0.00 |
| +5 | +6 | +7 | +8 | +9 | +10 | +11 | +12 | -12 |

和…… **墨尔本周日下午**
1:30（午餐时间）

知识百宝箱

夏令时是指在夏季的晚上调整时间，额外多出一小时来享受日光。
你需要在春季把时钟拨快一个小时（这个时候白昼逐渐变长），
到了秋季再回到正常时间。并非所有国家都选择使用夏令时。
有时，同一个国家的不同地区也不一定都会选择使用夏令时。

历法

大多数社会的历法都是基于
他们在天空中看到的东西——
月亮的周期（月）或
太阳的运动（年）。

所以有阴历（月历）和阳历（太阳历）之分。
最早的阴历之一出现在苏格兰。
大约有一万年的历史，而且体形很大。

那个日历放不
进口袋……
它有30米长！

羊杂

多余的
羊杂

在地上挖大坑来表示月亮的不同形状

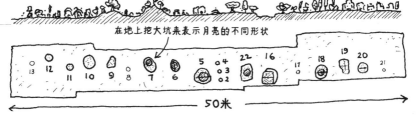

50米

古巴比伦人从天空中能看到太阳、
月亮、水星、金星、火星、木星和土星，
所以他们喜欢数字7。
并且创造了一周七天的星期。

我们也沿用了他们关于60秒钟和60分钟的想法。

这是吹奏苏格兰
风笛唯一的
一种办法了。

这些苏格兰式
鸡蛋很难孵化。

我们的计数系统以十为基础，
但在4000年前他们以60为基础计数。
想象一下在那个时候背乘法表的你！

1582年以后，
世界上大部分地方都使用格里高利历。
它基本上属于阳历，
不过聪明的是，它包括闰年。

我们的日历年有365天，
但还记得吗？
地球绕太阳公转一圈大约需要365.25天。

所以每隔四年，
我们会增加一天（2月29日），
把日历年与太阳年对齐。

有一点可能会让你无法理解，
我们的月份与我们从地球上看到的月球周期是不匹配的。
两个满月之间的间隔大概是29.5天，
但我们一个月有31天或30天（当然，二月除外）。

他是2月29号出生的。

这意味着我四年才能过一次生日！好不公平！

嗨，恺撒，让我们一起来把这个历法弄得没有任何意义吧。

我们的12个月份是基于公元前46年的罗马历法。
一开始只有10个月。
但是后来，
罗马人增加了两个月，
而且加在了一年的开头。

这就是为什么第九个月份，
即九月，在拉丁语中实际上意味着"第七"月。
十月、十一月和十二月分别表示的是
"第八""第九"和"第十"月。
好样的，罗马人！

知识百宝箱

格里高利历是世界各地使用的官方历法，
但也有其他六种历法在使用——中国农历、希伯来历、伊斯兰历、
波斯历、埃塞俄比亚历以及巴厘岛的巴乌干历法。
如果你觉得闰年很难理解，那么想想你用农历的情况，
你需要每隔几年增加一个第13月才能追齐太阳年。

嘀嗒嘀嗒的生物钟

生物有自然的节奏，
每24小时重复一次。
这叫作**生理节律**。
由**生物钟**控制。

植物有生物钟，动物有生物钟。
大蜘蛛也有。
甚至真菌和细菌也有生物钟。

生物钟告诉它们什么时候应该
精力充沛或生长，
什么时候应该睡觉或进食。

生物钟会通过组织身体的
其他系统来提供帮助。

> 我也有生理节律，
> 小鸟！

> 生理可能是有了，
> 小马，节律真的
> 看不出来。

它甚至知道抵抗感染、愈合伤口或
消化食物的最佳时机。
那就是白天！
所以不可以吃夜宵！

你大脑中的一个
名字极其复杂的部位会向身体的
各个部位发送化学信号。

更多其他的
大脑部位

其他的
大脑部位

视交叉上核

快速说十遍"视交叉上核"！

226

植物会"呼吸"，但只在晚上。
有些蘑菇会在黑暗中发光以吸引虫子，
但它们不会在白天发光浪费能量。

当你到家时，你的宠物可能正在门口等着你，
它们也没有看时间。

即使是在黑暗中演化出来的
无眼穴居鱼也能分辨时间。
不过200万年没有阳光照射以后，
它们的生物钟有47小时，
而非24小时。

晚餐时间！

鸟类每年在同一时间迁徙。
其他动物会为过冬储存食物。
跳蛛（非常聪明）会提前计划，
在心里画个地图，然后偷袭它的猎物（瑟瑟发抖！）。
其他动物会记忆和学习，
但它们有历史或者个人记忆吗？
我们不知道。也许这是人类独有的。

知识百宝箱

你的生物钟可能会因为人造光、屏幕时间或者熬夜等事情而变得一团糟。
时差是指我们的生物钟和当地时间出现了不一致。在你跨越时区后，
时钟可能显示现在是凌晨2点，而你的身体却觉得是**午餐时间**。
好消息是你可以重新调整你的生物钟以适应新时间。

尼安德特大蜘蛛

石器时代

（至约公元前3000年）

人们发明了火、语言、音乐、衣服、织物和建筑、石制和
木制的工具和武器、艺术和陶轮、船只、耕作和驯养家畜、
钟表和日历、基本的文字、计数和货币。不错的开始！

石器时代大蜘蛛

苍蝇

青铜时代

（公元前3000年至约公元前1200年）

金属使一切变得更简单。人们发明了金属工具、武器、珠宝和陶器、
合适的轮子和车、滑轮、肥皂、雨伞、文字、莎草纸和城镇。
对石器时代的所有东西进行了改良。

例如：埃及帝国

铁器时代

（公元前1200年至约公元650年）

人们发明了船桨、大船和硬币。
此外，铁几乎使一切都变得
更好用了，尤其是农具、交通工具
和武器。当然，如果你是一把剑
或者一支箭的攻击对象，
那就未必有多好了。

埃及大蜘蛛

随着考古学家挖出了一些过去的东西，大蜘蛛了解了更多它们的历史。
古代大蜘蛛常常会跟一些对它们很重要的东西一起下葬，
所以历史学家可以从中看出它们的生活方式和它们所重视的东西。

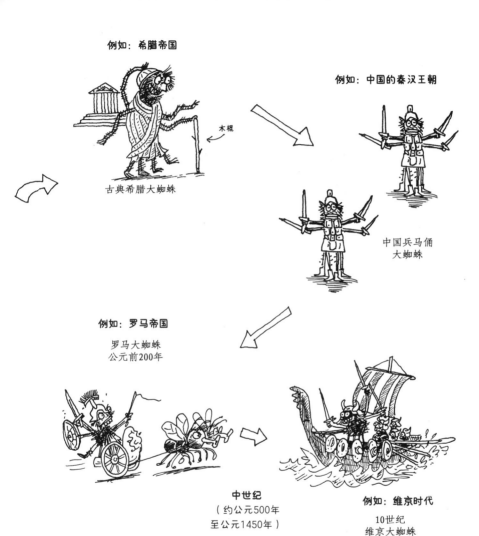

例如：希腊帝国

木棍

古典希腊大蜘蛛

例如：中国的秦汉王朝

中国兵马俑
大蜘蛛

例如：罗马帝国

罗马大蜘蛛
公元前200年

中世纪
（约公元500年
至公元1450年）

例如：维京时代

10世纪
维京大蜘蛛

例如：中世纪欧洲

中世纪大蜘蛛

16世纪大蜘蛛

近代早期

（约1450年至1750年）
贸易和货币真的腾飞了。
印刷机、蒸汽机和科学都是
重大事件。巨大的轮船
意味着帝国
可以走向全球。

近代晚期

（到1945年左右，
包括工业革命）

苍蝇

18世纪大蜘蛛

19世纪大蜘蛛

苍蝇

记忆
还很清晰！

大蜘蛛比较近期的历史都被写了下来或者记录了下来。

一手资料是由当时亲身经历过的人创造的。二手资料是由人们基于一手资料创建的。

20世纪摇滚大蜘蛛

21世纪上班族大蜘蛛

现在！

未来——美妙的未知！

22世纪太空大蜘蛛

上班族

抓

喂？你好。

知识百宝箱

你可能已经注意到，有许多重要的事情，比如耕作和驯养，
都是在大约10,000年前的石器时代出现的。这就是所谓的**新石器时代革命**。
新石器时代的石器比以前做得更好，也更光滑。
新石器时代之前的时期被称为**旧石器时代**。

阿！

10,000年前的
小鸟

前世的
埃及小马

好吧，其实这是人类的历史，而不是大蜘蛛的历史。
除此之外，其他一切都是真实的。

史前时代是文字出现之前的时代。
人们也可以记住并分享故事，但却无法记录下来。

早期有文字的历史并不那么准确。
最著名的两个历史故事
《伊利亚特》和《奥德赛》
最早（可能）写于公元前700至800年的古希腊。
但这些事件（可能）发生得更早。

作者（可能）是一个叫荷马的家伙，
或者（可能）是一群人。这些故事（可能）是一个合集，
收录了一些更古老的诗歌和歌曲，
这些诗歌和歌曲可以在那个文字
还没出现的时候帮助人们记住他们的历史。

但这些书中的故事仍在被一遍又一遍地讲述。
你可能知道希腊的众神之王宙斯，
或者特洛伊木马的故事。

那些大蜘蛛回来了，小鸟.

好吓人，小马.

作为尼安德特人艺术家的作者

(239)

又是那只愚蠢的大蜘蛛吗？

最早的艺术作品是洞穴和岩壁上的绘画。

有些创作于大约35,000年前。
一般是动物或人的画像，以及手印的轮廓。

他必须得离开！

233

回到未来！

我们之所以能了解到这么多关于史前动植物的信息，
是因为它们留下了化石。

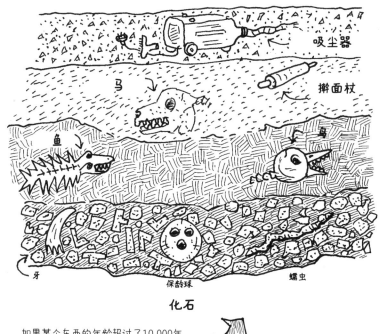

化石

如果某个东西的年龄超过了10,000年，
就会被认为是化石。最古老的化石大约有
35亿年的历史。这些被埋藏的东西里有多少
是真正的化石？*

*一个也没有。它们都是在1862年保龄球
发明之后才被埋起来的。

如何成为化石？死掉。
然后立刻被掩埋。
沙或泥是最好的材料。
等待200万年，让矿物质把你的骨头变成石头。
被发现。看吧！

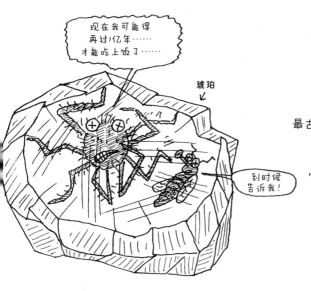

石化木是一种树化石。
它看起来跟以前的样子一样，
但是非常古老，非常坚硬，
是由岩石构成的。

最古老的**琥珀化石**有3.2亿年的历史。
困在琥珀（古树黏稠汁液）
里的生物会被完美地保存下来。
它们看起来就跟活着的时候一样。

过去也曾是未来。总有一天，
你生活中的一切都将成为历史。

但你不必等待两百万年，变成石头，
然后像化石一样被挖掘出来。

你可以做一个时间胶囊。

时间胶囊是一个密封的容器，
里面可以装满值得记忆的
东西——你的珍宝、信或画，
或者你觉得未来
需要知道的信息。

月球上甚至有一个由"阿波罗11号"飞船的宇航员放置的时间胶囊。
这是一个50美分硬币大小的圆盘。上面用小字刻着来自世界领导者的信息。
正面写着"我们为全人类的和平而来"。

你还有多长时间?

人类最多只能活100年左右。
这对于哺乳动物来说,
实际上已经很不错了。

5岁的
大蜘蛛

塔斯马尼亚岛的休恩松可以活3000年,
许多植物可以活数百年。
一些鲸和鱼类也能活上100年或更久。
年龄最大的陆地动物是一只名叫
乔纳森的巨型乌龟,今年183岁。

但是成年蜉蝣只能活5分钟左右。

现在的
大蜘蛛……

有些蜘蛛必须在一年内度过一生。
也有其他蜘蛛,比如歌利亚食鸟蛛,
可以活20年。

海绵有数千年的寿命。
蛤蜊能活数百年。
有一种龙虾永远不会变老。
有一个物种可以**永生**!不死的水母。

这是我的
1000岁生日。

海绵

海绵蛋糕

几百年都被埋在沙子里!
你管这叫活着吗?

蛤蜊

我可以永生!

我
不行!

灯塔水母

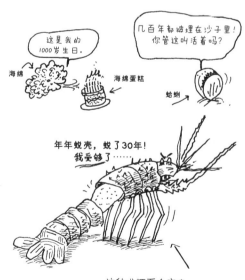

年年蜕壳,蜕了30年!
我受够了……

这种龙虾不会衰老,
但在大约30年后会在蜕壳时死亡。

我们无法永远活下去的原因就是**衰老**。

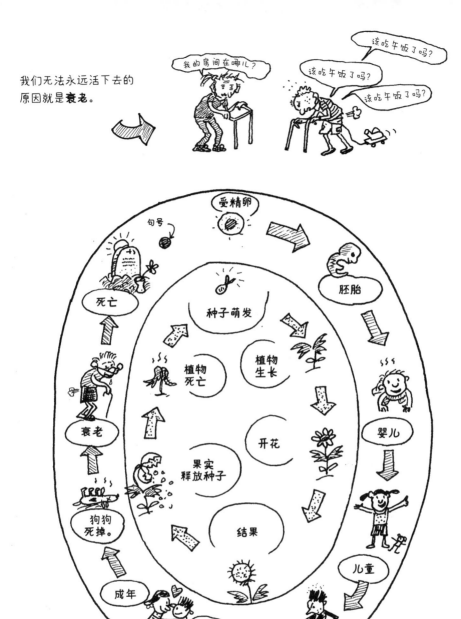

生命循环

不同生物的衰老速度不同。

与宇宙存在的时间相比，
生命在我们的星球上只存在了非常短的时间。

我们很难想象时间的浩瀚，
就像我们很难想象有多少颗星星，
太空有多大，
亚原子粒子有多小。

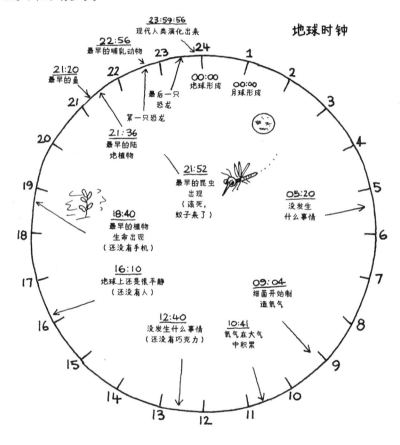

地球时钟

23:59:56
现代人类演化出来

22:56
最早的哺乳动物

21:20
最早的鱼

00:00
地球形成

00:00
月球形成

最后一只
恐龙

第一只恐龙

21:36
最早的陆
地植物

21:52
最早的昆虫
出现
（该死，
蚊子来了）

05:20
没发生
什么事情

18:40
最早的植物
生命出现
（还没有手机）

16:10
地球上还是很平静
（还没有人）

09:04
细菌开始制
造氧气

12:40
没发生什么事情
（还没有巧克力）

10:41
氧气在大气
中积累

人类在地球时钟上只存在了几分之一秒。
谁知道我们人类能存在到什么时候呢？

238

即使是我们美丽的恒星——
太阳，最终也会衰老和死亡。

像太阳这样的恒星通常能
燃烧约90或100亿年。

我们的太阳大约已有45亿年的历史。

所以在大约50亿年后，
当太阳很老的时候，
它会变成一颗红巨星……

它将朝着地球的方向膨胀，
逐渐把地球像水星、金星和火星一样吞噬掉。

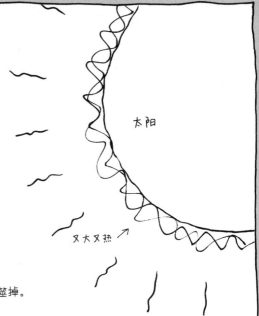

太阳

又大又热

地球

但我们这颗坚硬的
岩石小行星仍然有可能存活。

即使太阳真的非常非常老了，
最终成了一颗暗淡、凉爽的白矮星，
地球可能还在附近。

然而最终，
地球上剩下的任何东西都会飘浮到太空中，
在流星和黑洞中争夺一丝生机。

科学家通过研究来自外太空的光和其他辐射知道了这个事实。
研究发现，自大爆炸以来，
宇宙一直在冷却和膨胀。

在开始之前

但是大爆炸之前有什么?

也许什么都没有。**没有**物质,
也**没有**时间。那会是什么样子?

关于宇宙的科学充满了非常

伟大的想法。

在这一章你必须要去想象**难以想象的**事情!

你准备好了吗?

科学家说,如果你能按下宇宙的倒带按钮,
让时间倒流,
你会看到宇宙越来越小。

最终,
它将小得令人难以置信,
甚至比最小的亚原子粒子
还要小得多得多。

科学家把大爆炸之前存在的东西叫作**奇点**。

奇点的密度会非常大。
一个微小的热量和能量球包含了所有的质量和时空，
这些现在构成了我们的**整个宇宙**。

奇点放大

1,000,000,000,000,000,000,
000,000,000,000,000000,
000,000,000,000,000,000,
000,000,000,000,000,000,
000,000,000,000,000,000,
000,000,000,000,000,000,
000,000,000,000,000,000.5倍。

那**可能**意味着时间还不存在。

或者可能时间**确实**存在。
只是存在的方式**不同**。

那时的时间可能不是只朝一个方向流逝。
它可能朝着各个方向走，创造了许多个**平行宇宙**。

所以我们的宇宙可能只是更大事物中的一部分。
而且……可能有不同版本的你存在于其他宇宙中，过着不同版本的生活。

但是，假如时间……

既没有起点
也没有终点呢？

现在需要
脑洞大开
了！

也许，时间有点像
一个莫比乌斯环。

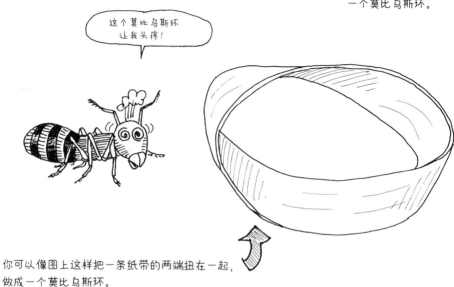

这个莫比乌斯环
让我头疼！

你可以像图上这样把一条纸带的两端扭在一起，
做成一个莫比乌斯环。

现在想象一下一只蚂蚁沿着一面行走。
它会永远走下去，但这条路永远也走不完。

笨蛋蚂蚁。

时间**可能**有点像是这样。

知识百宝箱

艾萨克·牛顿（还记得他吗？）的**经典物理学**用数学的方法告诉我们，
事物在我们所能看到和相互作用的世界中是如何运行的。
量子物理学告诉我们那些小到我们无法感知的事物的情况。
它仍然是关于物质和能量的，只不过是关于超级、超级微小的
原子和亚原子粒子的科学。

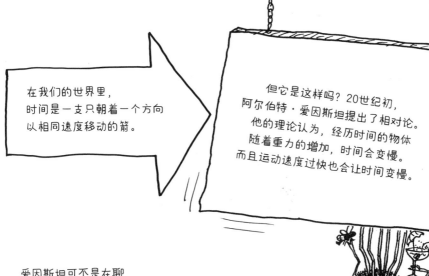

在我们的世界里，
时间是一支只朝着一个方向
以相同速度移动的箭。

但它是这样吗？20世纪初，
阿尔伯特·爱因斯坦提出了相对论。
他的理论认为，经历时间的物体
随着重力的增加，时间会变慢。
而且运动速度过快也会让时间变慢。

时间是一架
喷气式飞机。

爱因斯坦可不是在聊
课堂上的最后15分钟
是怎么变慢的。

他称之为"时间膨胀"。
科学家可以证明这**确实是真的**。
不过，这就像潮汐一样，
你在日常生活中不会注意到它的发生。

欢迎回家，姐妹。

科学家把一个原子钟送入轨道，
它回来后时间确实落后于地球上的原子钟。

当时钟走得更快时，时间就变慢了。
这意味着你可以比其他人更快地向前走。

想象一下，
有一个宝宝宇航员的移动速度接近光速。
如果她有一个双胞胎姐妹待在家里，
那么这个宝宝宇航员回到家时，会比
她的双胞胎姐妹年轻很多。
她在地球上的双胞胎姐妹会以"正常"的速度衰老。

245

爱因斯坦的相对论说，
如果你的速度**超过**光速，
你也可以**回到**过去。

让我们开始吧！

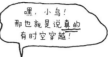

嘿，小鸟！
那也就是说真**的**
有时空穿越！

哇！那么
我就可以回到
自己的蛋里了！

让我们**穿越时空**吧！

遗憾的是，有一个问题。还是个大问题。

对我们猴子来说是小菜一碟！

我们是由**原子**构成的。
尽管原子基本上是虚无的，
但它们仍然是**某种东西**。
这就是所谓的**物质**。
光是**能量**，不是物质。
它是由**光子**组成的。

物质必须遵守物理定律。
但光不需要。

爱因斯坦方程式$E=MC^2$

意味着，如果你有质量（我们有质量，光没有），
你移动得越快，
你就越重，
而越来越重就意味着你需要越来越多的能量来保持更快的速度。
如果你能接近光速，你的质量会很大。

大到**无限大**。

所以，你是不可能超过光速的。

光将永远是比赛赢家。

爱因斯坦又想了想，提出了另一个理论。

假设这张网是空间和时间的结合。

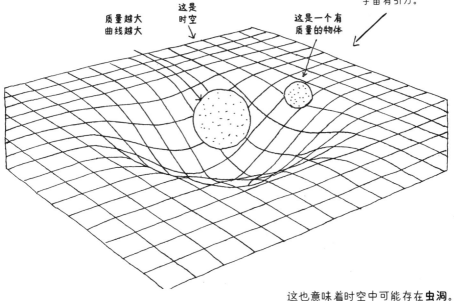

较小的东西会滚到曲线上。
这就解释了为什么
宇宙有引力。

这也意味着时空中可能存在**虫洞**。
也就是连接通常情况下相距很远的空间和时间的隧道。

时间旅行是……

……**有可能的**，
如果你是想以不同于
其他人的速度变老。

小鸟，如果可以时间旅行，
来自未来的旅客在哪里？

好问题，
小马。

但如果你想回到上周六，
那就**不太可能**了。

进球！

也不能回到20世纪去见阿尔伯特·爱因斯坦。

快上，阿尔伯特！！

我的节奏不错！

不能回到侏罗纪时代去和迅猛龙赛跑。

不能回到数十亿年前去观察地球上的第一个生命。

也不能回到奇点去观察宇宙大爆炸之前存在什么。

如果你加速、减速或突然转弯，
你的身体必须要应对**离心力**。
坐过山车的时候，你会感觉到离心力。

离心力太大会使你的骨头断裂，
会使柔软的黏糊糊的器官破裂，
会把你所有的血液都输送到你的大脑。（呃！）

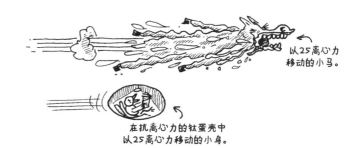

以25离心力
移动的小马。

在抗离心力的钛蛋壳中
以25离心力移动的小鸟。

299,792 km/s 本区域有测速摄像头。

此外，我们在太空中移动得越快，
就越有可能撞到来自其他方向的高速移动的坚硬物体。
比如大约以每小时30万千米的速度飞行的小流星。
在这种速度下，它们基本上就是超级强大的太空子弹。

即使你**可以**穿越时空，你打算做什么？

你不能穿越到过去**改变**任何事情，
因为那样的话事情就不会发生了。
而且你不能通过时间旅行来**阻止**它的发生。

如果你**不小心**改变了什么呢？
比如你的时间机器压扁了你未来的自己？

或者更糟！如果你回到过去，
把你10岁的爷爷压扁了怎么办？

他将不会再长大，
不会再有孩子，
你也不会出生了。

好消息是，
这样你就不会存在并且
穿越回去把他压扁了。
这就是所谓的**悖论**。

谢天谢地你不能穿越时空，
否则你可能会被困在一个巨大的**时间循环**中，
而不是在这里读这本书了！

7

我希望你认真
看完了这本书，
因为会有一个测试

好吧，我承认……
我太善良了。

没有……

测试

而且，这里会给出
所有宇宙问题的答案……

还会免费赠送生命的意义！

宇宙是一个非常大的东西，
不过最开始的时候它很小，
小到你看不见。

后来有了大爆炸！

你是一个小东西，
身体里充满了更微小的东西。
与这些小东西相比，
你就像宇宙一样大。

宇宙有140亿年的历史。
地球有45亿年的历史。
有数十亿年的时间里都没有发生什么事情。
后来人类出现了。
可不是外星人入侵，
而是通过演化的方式。

再后来，人类发明了火、农业、
物品、汽车、飞机、医药、电灯、
电视、火箭、互联网和巧克力。

不过，如果不是由于我们的沟通、合作和友谊，
这些东西都不可能被发明出来。

我们永远不会做得比这更好！

好吧，
　　真的，
　　　　这就是‥‥‥‥‥‥‥

现在去外面玩泥巴吧。